マンガでわかる!

自治体予算のリアル

定野司 著
伊藤隆志 画

学陽書房

はじめに

財政・予算は、自治体職員として必要不可欠なポータブルスキル（どの部署に行っても使えるスキル）なのに、よーくわからない。

「必要なとき、必要なことだけ勉強すればいいんじゃないの？」

「それって去年の仕事を去年どおりやるってことでしょ？　それじゃ進歩ないじゃん！」

「わかる、わからないの前に、意欲が湧かないんだよね」

「手に取るだけでやる気が出るような、おもしろい読み物ないかな…」

そんな職員の声に応えるために、この本を書くことになりました。しかも、マンガで。

マンガの主人公は、好奇心旺盛な若き女性職員です。「なぜ？」「どうして？」という疑問がわくと、すぐ動きたくなる。そんな彼女の前に立ちふさがる役所の縄張り意識や前例踏襲の壁。さらに、政治的駆け引きに翻弄されるなど、何度もくじけそうになりながらも、その度に同僚や先輩、上司に助けられ、成長する主人公の姿をマンガにしました。

子供のころ、私の家にはマンガというものがありませんでした。マンガは、活字の本より低俗なものという風潮があったからです。両親は、子供にマンガを与えると活字の本を読まなくなると考えていました。今でも図書館でマンガを置いてある所は多くありません。その理由を聞くと、マンガは消耗品で耐久性がないからだと言います。よく聞くと、耐久性とは、マンガ本体（装丁や本文用紙）ではなく、マンガの内容を問題にしているのです。

しかし、本当にマンガには耐久性がないのでしょうか？

お小遣いの少なかった子供のころのことを思い出してみてください。活字の本だと読むのに時間がかかりますが、マンガは、あっという間に読み終わってしまいます。だから、お金のない子供たちは、マンガを回し読みしていたのです。それも、ものすごい回転率で……。

これでは図書館にマンガを置けないわけです。マンガは、図書館を上回る機能をあわせ持っていたんですね。

そして、マンガは私たちに勇気と希望を与えてくれました。その証拠に、今でも、昔の仲間たちと子供のころに読んだマンガの話で盛り上がることができます。

この本を手にしたあなたも、そういう経験をお持ちなのではないでしょうか？

そうです。マンガの内容には、時を超える耐久性があるのです。

本書では、まず、マンガの部分を読んでください。

次に、気になったところだけ、解説を読んでください。

最後に、通しで読んでみてください。

あなたのポータブルスキルは、必ずアップします。

定野　司（著者）

もくじ

第3話

公園の憂うつ 49

第4話

老朽化施設をめぐって 65

第5話

市長が使える予算

第6話

補助金の罠

第11話

大輪の花

【市　長】

島本弘子市長

50歳。既成政党の支援を受けず当選したばかりの新人市長。女性の活躍できる社会を公約の柱にしている。

【反市長派の幹部の面々】

平野副市長

61歳。前市長の右腕として働いてきた実績を買われ、市議会事務局長から副市長に抜擢される。島本市長には、平野副市長を通じて市議会との融和を図るねらいがある。一方、平野副市長は市議会の一部と結託し、市長の失脚を狙っている。

河野総務部長

57歳。平野副市長の腹心。人事権を振りかざすパワハラ上司。

【財政課の面々】

杉下財政部長

53歳。冷静沈着。市長派でも副市長派でもない。常に中立を旨としている。

小野主査

36歳。市民課に4年在籍し、主任から主査に昇格したうえ、財政課に抜擢される。山崎をフォローする優しい先輩。

登場人物紹介

【主人公】

山崎ひとみ主任

30歳。市役所に入って7年目。市長の公約のひとつである「枢要ポストへの女性の登用」の一環として、主事から最短で主任に昇格のうえ、市の顔とも言える市民課に送り込まれた。明朗、活発で誰からも好かれる性格だが、一方で、早合点、細かいことを気にしないゆえミスも多い。

【主人公の所属する市民課の面々】

坂本市民部長

55歳。副市長＆河野部長の魂胆を感じ、主人公の山崎を影からバックアップする。

内村市民課長

45歳。県からの出向者。波風立てず、仕事を穏便に片付け、早く県に帰りたいと考えている。家にも定時に帰ることにしている。

進藤課長補佐

55歳。役所人生の半分以上を市民課で過ごす、市民課の大番頭。短気で怒りっぽいが、情に厚いところもある。

田中主査

40歳。市民課8年目のベテラン職員。市民課の生き字引で、頼られてはいるものの、いつも上から目線で、独身。

郷田主事

25歳。桜木市に採用されて2年目。初めての所属が市民課。

小出さん

60歳。今年退職し、1年単位で雇用契約が必要な再任用職員。

第1話

100通の手紙

第1話
100通の手紙
桜木市　市民課
とある係の歓送迎会ー
わい　わい
じゃ〜 はじめま〜す！
課長 ごあいさつを！
市民課主事　郷田
係を引っ張ってくれた小野さん、異動先の財政課でもご活躍ください
財政課主査　小野
（前市民課）
ありがとうございました
今年度も財政の厳しい状況が続きますが
新たなメンバーで力を合わせて頑張りましょう！
市民課長　内村
異動してこられた山崎さん、小野さんの後は大変ですが、ともに戦いましょう！
山崎　ひとみ
（異動とともに主任昇格）
みなさん、よろしくお願いします！

乾杯！
何と戦うんだか…別に戦士じゃねーし
市民課主査 田中
最近は歓送迎会を昼食会にするところも増えてるわね
うちは窓口あるしムリですよ
市民課　小出（今年退職し、再任用）
いいっすね、楽そう！夜は自分の時間を大切にしたいし
ま〜そう言うな ちょっと前に比べりゃこういう機会も減ったさ
課長補佐 進藤
スイマセン…
前はもっとあったんですか？
あったよ 暑気払い、忘年会、新年会だろ 異動のたびの歓送迎会と親睦旅行に…
……
山崎さんは市民課の財政担当だから、何かあれば相談してくれ
あ、はい！
前の観光課では色々な事業ができたんですけど、市民課だと…畑違いですよね
自分には事業系の方が合うというか…
STAFF

ハハ…活かせることもあるさ
財政が厳しいからこそいろいろな知恵とか工夫が求められるからね
今年度の予算は特に切り詰めてましたよね
じゃあいろいろ相談させてください！
―桜木市役所―
桜木市役所
市民課
小出さん、昨日はありがとうございました
おはよう
こちらこそ
山崎さん、ちょっとお手伝いいただける？
もちろんです
この郵便物を北局・南局・その他に分けてほしいの

※現在の「郵便区内特別郵便」に相当します

う〜ん・・・
おもしれーが郵便物のとりまとめは総務課の仕事だ
仕事が増えるとあっちゃ、いくら安上りでもはいよってわけにはいかんだろ
はぁ・・・
総務課に聞いたら、料金後納スタンプを押し直す各課の作業に比べたら、集計作業の手間は変わらないって・・・
他課の仕事にとやかく口出すのはなぁ〜・・・
そこを何とか、課長補佐のお力で・・・
無茶言うな・・・
ふ〜ん、さっそく面白いこと考えてるな
財政課
でもうちの仕事じゃないって・・・
役所はセクショナルだからね他部署の仕事には口出せないだろうな

こんな手はどうだ　新しい市長が「事務改善委員会」をつくったんだ
事務改善につながるものなら、市長自ら提案書を見てくれるそうだ
市長　島本 弘子
これに応募してみたらどうだい？
はい、頑張ります！
課税課
郵便物？
こちらの課では何通くらい出されてますか？
んー、1日50～60通くらいかな…
ありがとうございます！
それあなたの仕事なの？
思い付きなんですけど、予算で何か節約できることはないかと思いまして

だいぶ情報が集まったね
いけそうですか
あとは市の財政にとっての効果や各課のメリットなんかも盛り込めるといいね
ちなみに郵送料は「役務費」にあたるよ
款 議会費、総務費、民生費…
項 社会福祉費、児童福祉費…
目 社会福祉総務費、児童福祉総務費…
節 給料、共済費、報償費、旅費、役務費、委託料…
歳出予算の区分
款・項・目の区分から
さらに28の「節」に
細分される
―というわけで
年間500万円も節約できることがわかりました
…表紙は自分の名前じゃなくて課の名前を使えそうすりゃ課の総意だってことになる
俺が説得してやろう
やった!
とまあ、こういう提案なんですが
ふぅん、いいんじゃない
ただ、総務課を動かさなきゃならないんで、ここはひとつ課長からお電話で…
あぁ…電話だけでいいなら…
総務課と市民課で一緒に提案しましょう

―事務改善委員会―
…という提案がありましたが…
総務課からの意見では、郵便料金は事業別の予算になっているため
安く済んだとしてもそれを各課に振り分けるのに時間がかかり、経費節減にはなりません
総務部長　河野
問題がなかったんだから、今まで通りでいいんじゃないかね
副市長　平野
お言葉ですが…
今も振り分けているのでしょう
金額を変えるのにどのくらいの事務量が増えるんですか
市民部長　坂本
いや、どのくらいってのは…
提案書にも表計算ソフトの単価を変えるだけで良いとありますし

だがあんた、毎日のことですからねぇ…
それなら総務課で一括して支払っていただいてもいいんですよ
そりゃ事業別の予算に反するでしょう
では財政課が良いと言えばいいんですね？
まあそうですが、他課に仕事をとやかく言われたく…
私は良い提案だと思うわ
市長
財政状況が厳しい今、庁内の力を合わせて解決するときです
広い視野で取り組みましょうよ
本提案については、財政課で支障ないことを確認のうえ、実施ということで良いですね
……
…わかりました

ドサ
ドサッ
その後、財政課の確認が得られー
総務課
提案はさっそく実行された
職員提案第1号♡
うれしー
すごいじゃない
ふん…
先に仕事覚えろっつーの忙しいんだから…
だけどな、改革のヒントってのは日常に転がってるってことじゃないか
……

「100通の手紙」の解説

前例踏襲も悪くない

「本日は、50グラム以内の定形郵便が１００通以上になります。局ごとに分けてくださいね」

今日も、総務課の職員が電子掲示板に書き込んでいます。郵便物を宛先（郵便区）ごとに分け、担当する郵便局に、形状・重量・取扱いが同一の郵便物を同時に１００通以上差し出すと割引料金が適用されるからです。

「25グラム以内の定形郵便は１００通にならないの？」と疑問に思われるかもしれません。私の勤める役所では、25グラム以内は全庁で集めると毎日、１００通以上になるのでアナウンスする必要がないのです。

こうして、「１００通の手紙」が25年以上もの間、踏襲されてきました。

役所には前例踏襲という悪癖があります。しかし、悪い前例ではなく良い前例を踏襲すれば、役所は確実に進化します。そして、その良い前例を創り出すのが、職員のみなさんの役割です。

25年の間に、郵政事業は民営化され、「市内特別郵便」という名称も「郵便区内特別郵便」に変わりました。普段、何気なく使っているシステムも、一朝一夕にできたわけではありません。先達たちの様々なアイデアが詰まっていることを感じてください。そのうえで、もっと良い方法はないか考えてみましょう。

『もし、このアイデアが実現できたら……』

そう考えるだけで、あなたの仕事はもっと楽しくなるはずです。

予算科目を知ろう

郵便１通出すにも、予算（歳出予算）が必要です。

歳出予算は、「何にいくら使っていいのか」という支出の限度額を決める大切なものです。この「何に」に当たるのが「予算科目」です。予算科目は、まず「款」と「項」に区分されます。民生費、土木費、教育費などが「款」にあたり、例えば、民生費の中の社会福祉費、児童福祉費、生活保護費などが「項」です。

この「款」と「項」に区分した予算を議会の議決に付すので、これを議決科目と呼びます。

「そんなに大ざっぱで、ほんとにいいの？」と思われるかもしれません。

はい、いいんです。そもそも予算は、議会と執行機関との強い信頼関係に基づいてつくられているからです。

とはいえ、「款」と「項」の区分だけで限度額を決められても仕事はできません。そこで、「項」をさらに「目」と「節」に区分しますが、これらは議決を得ることなく、執行機関の権限で決められるので「執行科目」と呼びます。

例えば、児童福祉費の中の児童福祉総務費、児童措置費、保育所費などが「目」です。

ここまで細かくなると、「何にいくら使っていいのか」の「何に」が見えてきますね。予算科目のうち、「款」「項」「目」は、目的による区分でした。これに対し、「節」は「目」の中の予算をさらに、性質別に区分したものです。給料、職員手当、賃金、旅費、交際費、需要費、役務費、委託料、工事請負費などがあります。

また、「節」によっては、さらに細かい「細節」を設けることがあります。

マンガ「100通の手紙」の中で節減を図った郵送料は、性質上「役務費」という節に区分されます。

しかし、考えてみてください。「目」の数だけ「役務費」(節)があるのですから、間違えずに執行するには細心の注意が必要です。さらに、事業ごとにかかる全ての経費(フルコスト)を把握するため、最近は事業別予算といって、「目」をさらに「事業」に細分化するのが一般的です。

「A事業の役務費の歳出予算は○○万円」

ここまで書いてあれば、「何にいくら使っていいのか」はっきりしますね。

一方で、「目」を「事業」に細分化し、「事業」をさらに「節」に区分したことで、「役務費」の数はさらに増えてしまいます。このように、1つの課でいくつもの「役務費」を持つのが普通です。これを全課でまとめようというのですから、マンガ「100通の手紙」の中で、

「今まで問題なかったんだから、放っておいてよ」という声が上がっていたのも、不思議はありません。

それでも、業務改善を続けるのが私たち職員の務めなのです。

会計年度独立の原則

さて、役所の予算には7つの原則があります（178頁参照）。そのうちの1つである「会計年度独立の原則」は、その年度の支出はその年度の収入で賄うという原則です。

例えば、学校の給食会計を思い浮かべてください。

年度末に生徒から集めた給食費が余りました。さて、どうしますか？

「来年度に繰り越し」では、新入生は喜ぶでしょうが、卒業生は不満を言うでしょう。

だから、年度末になると豪華なデザートが出てきます。

では、年度末に給食費が足りなくなったらどうしますか？

「臨時徴収します」なんて言える訳がありませんよね。管理責任を問われてしまいます。

「来年度分から前借りします」と言えば、卒業生は喜ぶでしょうが、新入生は不満でしょう。

だから、年度末まで余裕を持っておくのです。年度末になって道路工事が増えるのも、同じ理由です。補修したい道路が山ほどあるからです。今年度の予算をフルに使って、来年度の予算に余裕を持たせようと考えるのです。

ですから、職員の多くは「使い切り予算」を（ものによりますが）悪いとは思っていません。

公会計に特異な「出納整理期間」

自治体の会計年度は、4月1日に始まり、翌年の3月31日に終わります（政府も同じ）。年度が明け、4月になって、郵便局から3月分の郵送料の請求がありました。工事が終わってから請求される工事の代金も同じです。

では、どうやって支払いますか？

「普通に口座振替で支払えばいいんじゃないの？」と思われるかもしれません。

しかし、役所は、「会計年度独立の原則」があるので、3月分の郵送料は前年度の会計から支払わなくてはならないのです（3月までに完了した工事の代金も同じです）。

そこで、設けられたのが「出納整理期間」です。出納閉鎖の日（5月31日）までは前年度の財布が開いていて、ここから支払うのです。4月1日から新年度の財布も開いているわけですから、選ぶ財布を間違わないようにしなければなりません。

同様に、前年度中に入るはずだった収入も、出納整理期間中は前年度の財布に入れます。

つまり、出納整理期間中は、前年度と新年度の2冊の帳簿で、予算も現金も管理しているのです。

一般会計と特別会計

予算の７つの原則（１７８頁参照）のうち、「単一予算主義の原則」は、予算は１つであることという原則です。しかし、実際には一般会計のほか、たくさんの特別会計があります。

特別会計を設ける場合には、①公営企業その他特定事業を運営するとき、②特定の収支を一般の収支と区分して経理する必要があるときの２つがあり、条例で定めることになっています。

自治体の一般会計は公会計（官庁会計とも言います。現金主義・単式簿記）ですが、特別会計の中には企業会計（発生主義・複式簿記）で経理するものもあります。

「出納整理期間」は、企業会計にはない、公会計独自のシステムです。

そこを何とか、課長補佐のお力で…
無茶言うな…

えっ⁉
私はまだ何も
聞いていませんが…
清掃部長

F市に
問い合わせて
みましょうか
えっ？

第2話
ごみトラブル
そうですね…お気持ちはわかりますが、ご理解いただきたいと…
申し訳ありません、はい、担当課におつなぎします
はーっ
苦情？
ゴミの料金が高いっていうんです引っ越す前のF市は無料だったって
うちは3年前に有料化したんですよね
それでも原価の10分の1にもならないって聞きましたけど
ごみ減量対策でもあるんですよね
不法投棄対策でお金はトントンじゃないんですか
議員の方も言ってましたし
F市に問い合わせてみましょうか
えっ？

F市では、家庭からの粗大ごみを指定場所へ持ち込めば、無料として扱っているんですよ
なるほど、引っ越しとか、大きなごみが出るときは助かりますね
ありがとうございます
それで？
うちでもやればいいのに
ど～～考えてもうちの課の仕事じゃないだろ!!
僕の同期が清掃課にいますけど、相談してみましょうか
……清掃課だけでできる話じゃないな

財政課
なるほど
するとうちの課と
清掃課を動かさ
ないとだね
清掃課から
職員提案して
もらったら
どうだ
え、オレから
提案すんの？
郷田の同期
清掃課　吉田
忙しいとこ
悪いんだけどさ、
ちょっと
考えてみてよ
う～ん、課の考えも
あるしなぁ
上がなんて言うか
清掃課長
係長、
吉田君の
起案だけど
どういう
こと？
あぁ、
それなん
ですが
市民課が受けた
苦情から、
いろいろと調べ
たんだそうです
これ無理じゃないか？
事務改善委員会があると
仕事が増えるなぁ

―副市長室―
…という話が進んでいるようです
いつもの早耳だな
どこからそんな情報を仕入れるんだ
それより、また職員提案制度を使うそうですよ
役所は組織で動くものだ…市長が変わり、新しくできた事務改善委員会によってさらに統率が取れなくなっている…気に入らんな
私にいい手がある
えっ!?
私はまだ何も聞いていませんが…
清掃部長
とにかく！ごみが減れば収集する仕事も減るんです
あんた、私たちから仕事を奪うのかい!?

そこをわかっていただかないと
…はい
お願いしますよ!
……
―庁議―
…という提案がありますが
清掃課からの意見では、市民の反対を受けながらも、ごみ減量のために実施したものを
いまさら無料にはできないと
かえってごみの増加につながる懸念もあるとのことでございます
F市では実施例があるようですが
……
無料にしてうまくいくのなら、市民にとっても嬉しいし、それで経費節減にもなるならね
清掃部長のご意見は?

近隣市でうちだけ無料にすれば、他からごみを持ち込まれる懸念があります
現にうちが有料化したとき、隣の市からごみが持ち込まれたとの苦情が殺到しましたねぇ
それは困るわねF市ではどうなの？
市によって条件は違いますし、それは何とも…
そう…
残念だけど、よく調べてからにしましょう
この話はその後進んでいないらしい
えー!!なんとかならないんですか？
そりゃ何とかしたいけど、清掃部長が乗り気じゃないんだ。よその部長が押すのは変だろ？
…そうですか
……

議会
ごみ料金の件ですが、市長はどのようにお考えですか
市民に喜ばれ、経費節減になる制度が組めれば…
実現したいと考えています
F市には視察に行かれたんですか？
いえ
まだ提案の段階でしたので
それでしたら委員長
私たち市議会議員で行きませんか
えっ
異議はありませんか
ないようですので、視察の日程は正副委員長にご一任願います

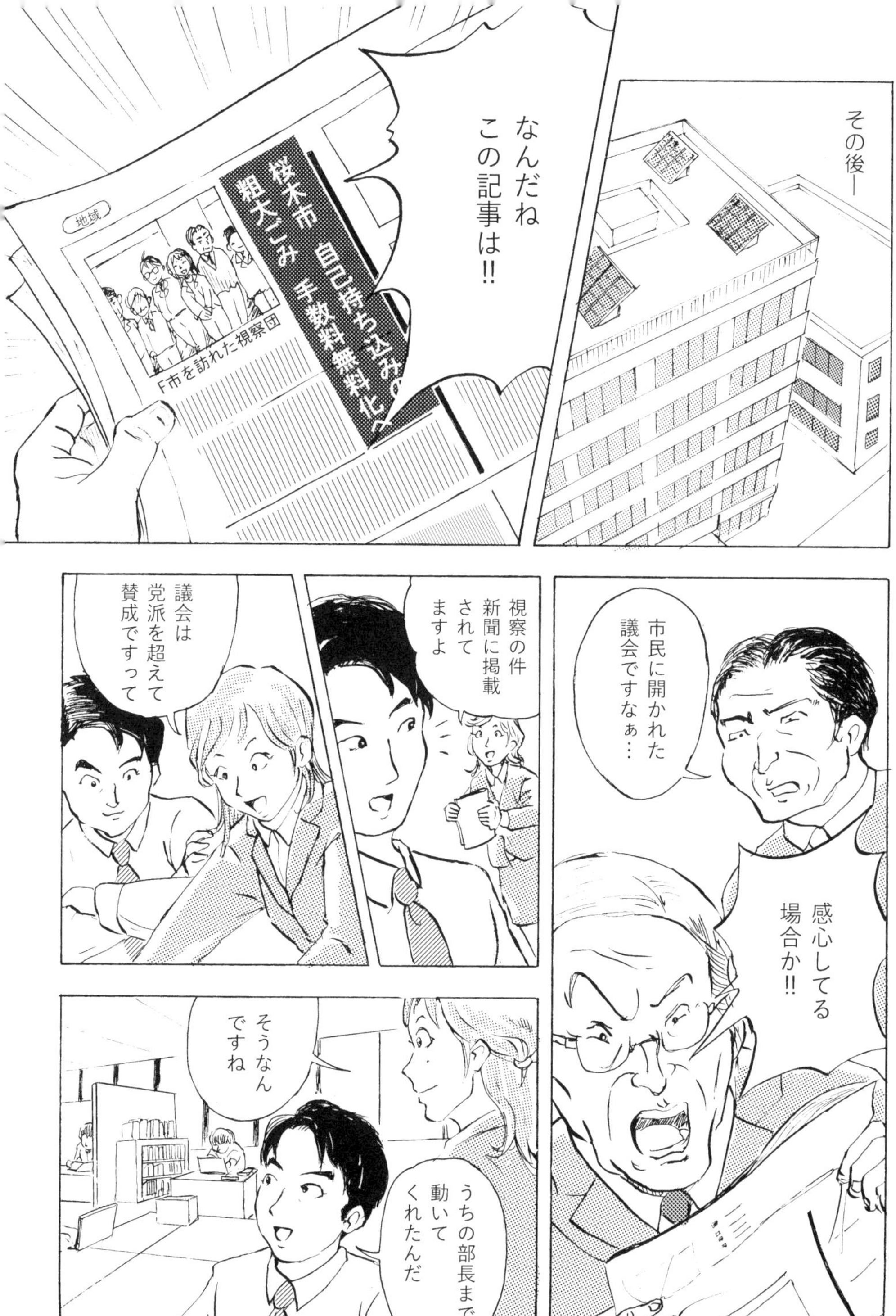
その後ー
なんだね この記事は!!
地域
桜木市 粗大ごみ 自己持ち込みの手数料無料化へ
F市を訪れた視察団
市民に開かれた議会ですなぁ…
感心してる場合か!!
視察の件 新聞に掲載されてますよ
議会は党派を超えて賛成ですって
そうなんですね
うちの部長まで動いてくれたんだ

「ごみトラブル」の解説

「家庭ごみの有料化」は税金の二重取り?

一般家庭から排出される「家庭ごみ」は、身近な問題です。しかも、福祉や教育はサービスの対象者が住民の一部に限られますが、「家庭ごみ」は、誰でも必ず排出するので、サービスの対象者は住民全員です。誰もが自分の問題として議論に参加できるという意味で、「家庭ごみ」は自治問題の原点と言えるでしょう。

この「家庭ごみ」について、いま、多くの自治体が、ごみ減量、資源循環型社会の構築をめざし、従量制の手数料の導入を考え、すでに一部の自治体が実施しています。

住民の税金で建てたスポーツ施設も、利用するのは一部の住民です。そこで、施設利用者から料金を徴収し、利用する人と利用しない人との負担の差を調整し公平性を図ることを受益者負担といいます。

しかし、家庭ごみを出さない住民はいません。だから、道路や公園の利用と同じように、税金で賄《まかな》ってきたわけです。

「住民全員が支払う手数料なんて、税金と同じだ」と思われるかもしれません。

「家庭ごみの有料化」は、これまで税金で負担してきた家庭ごみの処理を手数料で賄う一方、税金の還付・軽減を行わないので、「税金の二重取りだ」と言われてしまうのです。

もちろん、反論もあります。

ごみ処理経費は、ごみの量の多い少ないにかかわらず、焼却施設の建設・運営など、必要となる固定費の割合が高く、これを税金で賄うのは合理性があります。また、従量制の手数料といっても、実際に徴収している額は、全体経費の10%以下です。その収入の大半は、有料ごみ袋の製造と販売、不法投棄対策や啓発事業に使われてしまいます。したがって、税金の還付・軽減を行うほどの余裕はありません。

すでに有料化した自治体では、「余裕が出たとしても、その分は、ごみの資源化やリサイクル施設の整備など、ごみ関連経費に使わせていただく」と説明してきました。

そう、この家庭ごみの有料化は、賛成か反対かという二者択一の議論だけでなく、予算の基本的なあり方についての問題を提起しているのです。

予算の基本は「量出制入」(出るを量って入るを制す)

この問題を理解するためには、予算の基本である「量出制入」について知る必要があります。分譲マンションを例に説明しましょう。

分譲マンションを購入した人は法律によって、管理組合に入り、月々、管理費と修繕積立金を管理組合に納めなければなりません。管理費は、管理人を置き日常の清掃や設備の管理・点検などを行うために、修繕積立金は、定期的に行う大規模修繕のために必要な経費です。

管理組合を自治体とすると、管理費と修繕積立金は税金です。強制加入、強制徴収である点も税金と酷似しています。総会・理事会・理事長は、それぞれ議会・執行機関・首長にあたります。

管理組合では、現在、そして将来にわたりマンションの維持管理に必要な経費を積算し、組合員である住民から必要な経費を徴収します。

つまり、まずニーズがあって、ニーズを実現するために税金を徴収するのです。これを「量出制入」と言い、予算の基本とされています。

さらに、分譲マンションでは、ニーズを実現するために必要な経費を、専有面積に応じて、つまり、完全な「応益負担」で求めるため、分譲マンションの住民には、自然とコスト意識が生まれます。サービスの調達についても、それが必要かそうでないか、価格が高いとか安いとか、自分の問題として強い関心を持って議論できるのです。

自治体は「量入制出」（入るを量って出るを制す）

一方、自治体の運営はどうなっているでしょう？

自治体にかかる総経費を、誰も計算したことがありません。役所がつくる財政計画にしても、計画期間内の収入を見積もり、これを上回らないよう、支出を計画するだけです。集めた税金を不満なく分配することが議論の中心であり、予算の基本とは真逆の「量入制出」になっています。

この「量入制出」では、財政の縮小局面（お金に困っているとき）には行政改革が進みますが、財政の拡大局面（お金に余裕のあるとき）は進みません。

しかも、自治体の大部分の税金は、住民の支払い能力に応じて徴収する「応能負担」です。税負担が重いと不満を言う人はいても、サービスの調達コストまで議論されることは稀です。

つまり、家庭ごみの有料化の議論の中で、住民は初めてごみ処理の総経費やコストを知ることができるのです。

同様に、予算編成の際には歳出予算の獲得に走り、予算が成立すれば、配当(配付)された予算(歳出予算)を間違いなく使い切るのが職員の仕事です。よほど意識を持っていないと、「量る」ことも、「制する」こともないのです。

役所の慣習を突破するには

こうした中、職員が「改革」意識を持ったとしても、声を上げるのはなかなか大変です。

そこで、改革を提案するときの３つの秘訣をお教えしましょう。

①仲間や理解者を増やす……独りよがりの改革は絶対に実現できません。

②役所は形式主義なので管理職を上手に使う……頼りになる管理職を探しましょう。

③改革は大きくやる……小さな改革では費用対効果が低いことが多いからです。

現在では、「事務改善委員会」のようなものをつくって、職員の提案を組織的に、かつ積極的に取り入れる自治体が増えています。こうした仕組みを利用しない手はありません。

議会は抵抗勢力なのか

予算は議会の議決を得なければ成立せず、使うことができません（緊急事態に備え、いくつかの例外があります。177頁参照）。そのため、多くの職員が、議会は執行機関の抵抗勢力だと思っていますが、それは明らかに間違っています。

自治体は二元代表制を採っており、首長も議会（議員）も住民の選んだ代表です。私たちが新しい施策を考え実行しようとするとき、あるいは行政改革や事務改善を行うとき、必ず上司や首長に説明し、理解を求めます。みなさんは議会（議員）に対して、それと同じ努力をしていますか？

国は議院内閣制を採っていて、国会議員の中から総理大臣を選び、これに賛成した政党が政権を担当し、行政を与《あずか》るので「（政権）与党」と呼びます。これに対し、首長は議員からではなく、直接、住民の中から選ばれて政権を担当するので、二元代表制では与野党関係は制度的に存在しません。それでも、首長選挙での支持・不支持をもって、与党・野党と呼ぶことがあります。

新しい事業を始めようとするとき、既存の事業の実施方法を変えたり、改革や改善を進めようとする際など、与党には賛同を得るために情報提供するが、反対する野党には提供しな

い。こんな極端な例はないかもしれませんが、野党への情報提供をおざなりに済ますような
やり方は、二元代表制を理解していない職員のやることです。
与党でも野党でも、ともに住民の代表であるということを忘れてはいけません。
議会（議員）の理解を得ることは、すなわち、住民の理解を得ることです。これに勝る味
方は他になく、この力を借りれば、役所の慣習を突破することもできるのです。
また、執行機関には国→都道府県→市町村という縦のしがらみが、少なからず存在します。
これを打破してくれるのも、しがらみのない議会なのです。

うちでもやればいいのに
ど〜〜考えてもうちの課の仕事じゃないだろ!!

第3話

公園の憂うつ

財政課
ドャドャ
ギョッ
第3話
公園の憂うつ
課長いるか？
営繕部長　鈴木
ばんっ
T公園改修の原義
なんで戻すんだよ！
議会が認めた予算を執行させないとはどういう了見だ！

T公園
桜木市内にある、市民にとって憩いの公園。
緑豊かだが、樹木が乱立して見通しが悪く、災害時の避難の障害となることから、地元との話し合いで防災緑道として再整備することになっていた。
私が判を押しませんでした
予算査定時に比べて、財政状況が厳しくなっています
改修内容も工夫して経費削減に努めていただきたいと…
俺たちが無駄遣いしてるって言いたいのか
いえいえ！そんなことはありません!!
小野君言葉に気をつけて
気をつけてますけど
その口だよくち！
財政課長　小林
課長も同じ考えなのか？
どう責任取るつもりだ
いやぁ～そうおっしゃられましても…

事業部門
予算執行計画
予算の配当
流用の協議・通知
予備費充当請求
財政部門
財政状況に応じた予算執行の管理
財政課には、予算を査定するほかに、予算執行の管理にも責任があります
歳入欠損の恐れがあれば、例外なく見直さなければいけません
着工直前だぞ！
今さらできないだろ！
お前らじゃ話にならん、杉下部長はいるか
今日は出張しております
明日また来るから
部長によ〜く話しておくように
はーっ
副市長室
財政課に営繕部長が怒鳴り込んだそうですよ

いつもの早耳だな
工事をストップされれば、誰だって黙っていませんよ
何かいい考えでもあるのか？
今度は私にお任せください
業者と連携してしっかり対処します
翌日―
ふむ それで？
財政部長 杉下
方々からお叱りをいただいておりまして
ボロッ…
方々ねぇ、察しはつくが…
もう このまま突っぱねるわけにはいかないかと…
うぅ…

しかし 小野君の話も 理にかなってる じゃないか 見直せない のか？
うちには 図面の読める 技術者は いません
技術を抱えてる 営繕部の協力が ないと 再査定なんて 無理です！
杉下 いるか
ギクッ
しっ 失礼します!!
財政部長
鈴木部長、 最近やって ますか 釣り…
それが なかなか時間が 取れなくてね
じゃ、 お互いのため 素早く 片付けましょう
それは ありがたい

私は
工事が不要だとは
考えておりません
当然だ
各方面から
いろいろと
厳しいお話も
いただいて
います
…各方面？
俺には関係ない
俺は純粋に
いい仕事を
したいだけだ
私もです
工事の内容を
少し見直して
いただけないかと
財政部
しかし私たちの力では、
どこを見直したら
経費削減ができるのか
わからないんです
ここは鈴木部長に
お願いするしかない
まぁ、そうだろうな
で？ いくらくらいを
考えてるんだ

現在の予算が6千万ですから…
3千万くらいでできないかと
バカ言うな!! この工事を半分でやれってのか!!
耐震診断の助成制度の話、ありましたよね
あれは… 個人の資産形成に関わることだとゼロ査定だった
防災上重要な地域、例えば確保すべき避難路に面した家屋とか…
対象を限定すれば公共の利益にかなうのではないでしょうか
……。う〜む…

限られた財源を
いかに有効に使うのか。
私もいい仕事が
したいんです
なんとか
お願いでき
ませんか？
…わかった
もう一度
精査させてみよう
ありがとう
ございます!!
半分で
できるか
わからんぞ
今度、一度
いかがですか
仕事が先だ
市民が待って
いるからな
副市長室
営繕部長が
納得してしまった
ようです
お任せください
と言った
じゃないか
申し訳
ありません

第3話

「公園の憂うつ」の解説

予算の配当・配付

予算は議決を得て成立しても、すぐに全額使えるというわけではありません。なぜなら、新年度の始まる4月に、歳入予算で見積もった税が、いっぺんに入ってくるわけではないからです。代金を支払うときになって、財布の中にお金がないようなことがあったら困ってしまいますよね。

また、役所の予算は、税を集める部課と、予算（歳出予算）を使う部課が別々なので、誰かがこれをコントロールする必要があります。

そこで、多くの自治体では、財政課が年間の予算を半期、あるいは四半期に分け、歳出予算を執行する部課に配当・配付します。配当・配付を受けた部課は、受けた額以上の予算を使うことができないので、「財布の中にお金がない」という状況を回避できるのです。

そこで、財政課は会計管理室と連絡を取り合って、資金収支計画を立てています。

予算の執行管理

配当・配付した後でも、財政課は予算の執行をコントロールする役割を負っています。マンガ「公園の憂うつ」のように、支出負担行為（支出のもととなる契約などの行為）の段階ばかりでなく、次のような協議の場でも予算の執行を停止することがあります。

- 執行委任……営繕工事のように、予算を獲得した部課が他の部課に執行を委任する場合
- 流用……執行科目である「目」「節」は議決不要であるものの、協議が必要
- 予備費の充当（充用）……補正予算では間に合わないほど緊急性があるか、協議が必要
- 予算を伴う条例・規則の制定・改正……新たな財源を必要とする場合があるため
- 予算の内容の重大な変更……予算の趣旨、目的を変えることはできないため
- 継続費、債務負担行為に基づく支出負担行為……翌年度以降の予算を制約するため
- ○○円を超える物品の購入・工事請負・業務委託などの支出負担行為……資金計画に影響するため
- 予定していた補助金などの歳入が入らないことがわかったとき……予算の内容の重大な変更にあたるため、予算の執行を停止するのが原則

一時借入金

では、歳出がコントロールできず、思ったように歳入が集められないときは、どうなるのでしょうか。

最終的に、役所の財布にお金がなく、どうしても支払いに困ったときは、金融機関から借り入れます。これを「一時借入金」といい、予算で借り入れの最高額を決めることになっています。

もちろん、「一時借入金」には利息がかかりますし、その会計年度の歳入をもって、出納閉鎖の日までに返さなくてはなりません。また、大切な税金をお預かりしているわけですから、当然、役所も資産運用をしています。お金（歳計現金や基金積立金）の一部は定期預金にしたり、国債や他の自治体の発行する地方債の購入に充てていることがあります。これを解約・売却したほうが有利なのか、そうでないのかを判断する必要があります。

Ⅴ 予算の7つの事項

「あれ？　一時借入金の最高額を予算で決める？　予算は、歳入予算と歳出予算だけじゃなかったの？」と疑問に思われた方がいるかもしれません。

予算は歳入歳出予算を含め、全部で7つの事項からなり、当初予算（年度開始までに調製される年間予算）、補正予算（既定の予算に追加・変更を加える予算）ともに、①〜⑦の中の1つ以上の事項で構成されています。

① 歳入歳出予算

歳入予算は収入の見積もり、歳出予算は支出の限度額を決めるものです。歳入・歳出予算とも、「款」「項」の科目から構成されています。さらに細かい「目」「節」は執行科目で、議決を得る必要はなく、予算の付属資料である「予算説明書」に掲載します。また、一般会計においては予算外の支出や予算超過に備えて予備費を計上しなければなりません。特別会計についてはは任意ですが、予備費を議会が否決した費途に充てることはできません。

② 継続費

履行が2年以上にわたる場合（例えば、大規模な工事など）に、支出すべき経費の総額および年割額について定めます。

③ 繰越明許費《くりこしめいきょひ》

年度内に支出を終えることができない見込みのあるものについて、翌年度に繰り越して支出できるよう定めます。年度末になって避けがたい事故のため、繰越明許費の予算計上が間に合わなかった場合は、事故繰越という方法があります。いずれの場合も、歳出予算とともに財源を繰り越します。

④ 債務負担行為

継続費と同様、複数年度にわたる事業について、契約行為（事項、金額、限度額）のみを定めるもので、経費の支出には別途、歳出予算を計上します。

⑤ 地方債

起債の目的、限度額、起債の方法、利率、償還方法を定めます。

⑥ 一時借入金

資金不足が見込まれたときのため、金融機関から借り入れる最高額を定めます。

⑦ 歳出予算の各項の経費の金額の流用

予算は、各款の間、各項の間で流用できません。必要な場合は予算を修正、すなわち補正予算を編成して議決を得る必要があります。ただし、歳出予算の各項の経費は、予算に定める場合に限り流用することができます。職員の給料、手当、国民健康保険特別会計における保険給付費などの例があります。

▼15年後の「公園の憂うつ」

マンガに登場した公園のモデルとなったT公園は、改修工事の15年後、隣接する住宅の改築に合わせて廃止されました。

他の地域にある2つの住宅を吸収し、住宅が高層化（地上11階建）されて以前の3倍（120戸）の大きさになり、住区センター・福祉事務所を併設する床面積約1万平米の巨大な複合施設に生まれ変わったのです。

全国の自治体で、過去に建設し老朽化した大量の公共施設が更新時期を迎えようとしています。また、少子高齢化、人口減少や住民ニーズの変化等により、公共施設の需要は大きく変わりました。

一方で、自治体財政は厳しい状況にあります。公共施設の全体を把握し、長期的な視点を持って、更新・統廃合・長寿命化などを計画的に行い、財政負担を軽減・平準化するとともに、公共施設の最適配置を実現しなければ、公共施設の維持は困難でしょう。

Ｔ公園は、公共施設の統廃合・複合化の新しいモデルとして、複合施設の一部になったのです。

さらに、この複合施設の工事期間中、この現場が公契約条例の適用を受けているという旨の掲示がありました。公契約条例のねらいは、公共工事等における労働者の賃金を一定水準まで保障することによって、過度な価格競争を抑制し、業務や工事の品質を向上させるとともに、そこで働く労働者の労働条件の低下や雇用不安を払拭することにあります。そして何より、若者の建設業離れを防止し、雇用と企業の安定を図り、日本の産業を支えることが公契約条例の究極の目的です。

Ｔ公園は、公契約条例適用第1号の現場にもなったのです。

複合施設の建設によって公園は消えてしまいました。人々の心を和ませてくれた花や木を見ることも、鳥のさえずりや虫の声を聞くことも、もう、できません。

しかし、Ｔ公園は公共施設の最適配置のモデル、産業と雇用を守る未来のモデルとして、いつまでも、人々の心の中に残り続けることでしょう。

小野君 言葉に 気をつけて
気をつけて ますけど

第4話

老朽化施設をめぐって

第4話
老朽化施設をめぐって
山崎さん ちょっといい？
何でしょう
公共施設マネジメント会議の件なんだけど
人口減少・少子高齢化の影響もあって、高度経済成長期に建てられた公共施設が更新期を迎えているんだ
これからの財政バランスはもっと厳しくなるんですよね
そう、これらの課題を見据えて、財政運営と連動させながら、施設再配置や官民の連携等を行っていくことが、市の重要課題になってるんだ
で、今度部長とA保養所の視察に行くんだが、同行してもらっていろいろと意見がほしくてね
予定確認しておいてもらえる？
はいっ
市民部から3人が例の保養所を視察するそうです

あれはリニューアルすることが決まってるだろ
蒸し返すわけにいかんぞ
はい
勝手なマネはさせん…
プルルル…
はい
内村です
山崎さん
視察の日、急に外せない仕事が入ってね
部長と2人で行ってくれるかい
ええっ!
2人で?
不安…
―当日―
旅行みた～い!!
視察だからな
不安だなぁ
そば 丼物 たぬき
お食事
喫茶ロザリオ

A保養所
桜木市市民課の坂本です
お待ちしておりました
お客はどうです？
最近は減りましたねぇ…
老朽化も進みましたし…
眺めがいいですね
この環境が憩いになってる人もいるでしょうし、建て替え案もいいのかも…
……
公共施設の建て替えには補助金が使われる、維持費には人件費が見えてこないなど
財政運営の面で全体像が把握しにくいんだ

ホテルB
はい、きっとお客が奪われてしまう……それはもう私どもも危機を感じてます
えっ、中止できそうなんですか?
A保養所の建て替えを中止する
チャンスだと思いましてね
私もねぇ 建て替えは反対なんですよ ただ、推進派の坂本さんは市長のお気に入りでね
何か…ちょっとした不祥事でもないと、建て替えは止められませんな…
今夜、坂本さんと部下の山崎という女性があなたのホテルに泊まると思うから
あとはうまくやってほしい
…わかりました
……
あら
水が出ない…!?

申し訳ございません
本日修理できる者がおりません
部長もですかぁ
ああ
近くのホテルBでしたら、すぐご案内できるのですが…
1部屋しかない⁉
このまちに1軒しかないんです…
ホテルB
お待ちしておりました　どうぞ
ごゆっくりお過ごしください

A保養所
大丈夫
なんですかね…
いやぁ
問題ありだな
悪いね、こんな
状況になって…
まぁ…せっかく
来たんですし
公共施設のこと
もっと部長の
お考えを
伺いたいです
ぐーー
ぐーー…

実にゆゆしき問題だ
ホテルから連絡があった
何もなかったとは言わせないぞ
話をして酔って寝てしまっただけです
他に何かあるかしら?
写真だってあるんですよ
どうします?写真見てもいいかしら
どうぞ見ても同じですから
その写真はどこにある?持ってるのか
Bホテルの支配人が持ってますすぐ送ってもらいます!
ガタッ

写真をお送りすれば、建て替え計画は中止なんですよね
そうだよ早く送ってくれ
ス…
公共施設の運営は全体像が見えにくい財政規模に見合った姿を見極めないと…
坂本部長は建て替え推進派でね…
不祥事でもあれば、計画は中止なんですがなぁ

はは…
笑い事じゃないですよ
坂本部長はA保養所の建て替えを中止するために…
公共施設の最善のあり方を見つけるために視察に行ったんですよ
たしかに…
予約した2部屋とも水が止まるなんておかしいな
杉下部長に相談してみるよ
お…きた
カチ
ありゃりゃりゃ⁉
晩酌《ばんしゃく》楽しそ～…って、これだけ⁉
…ホテルのPRくらいにはなるな
ガク…

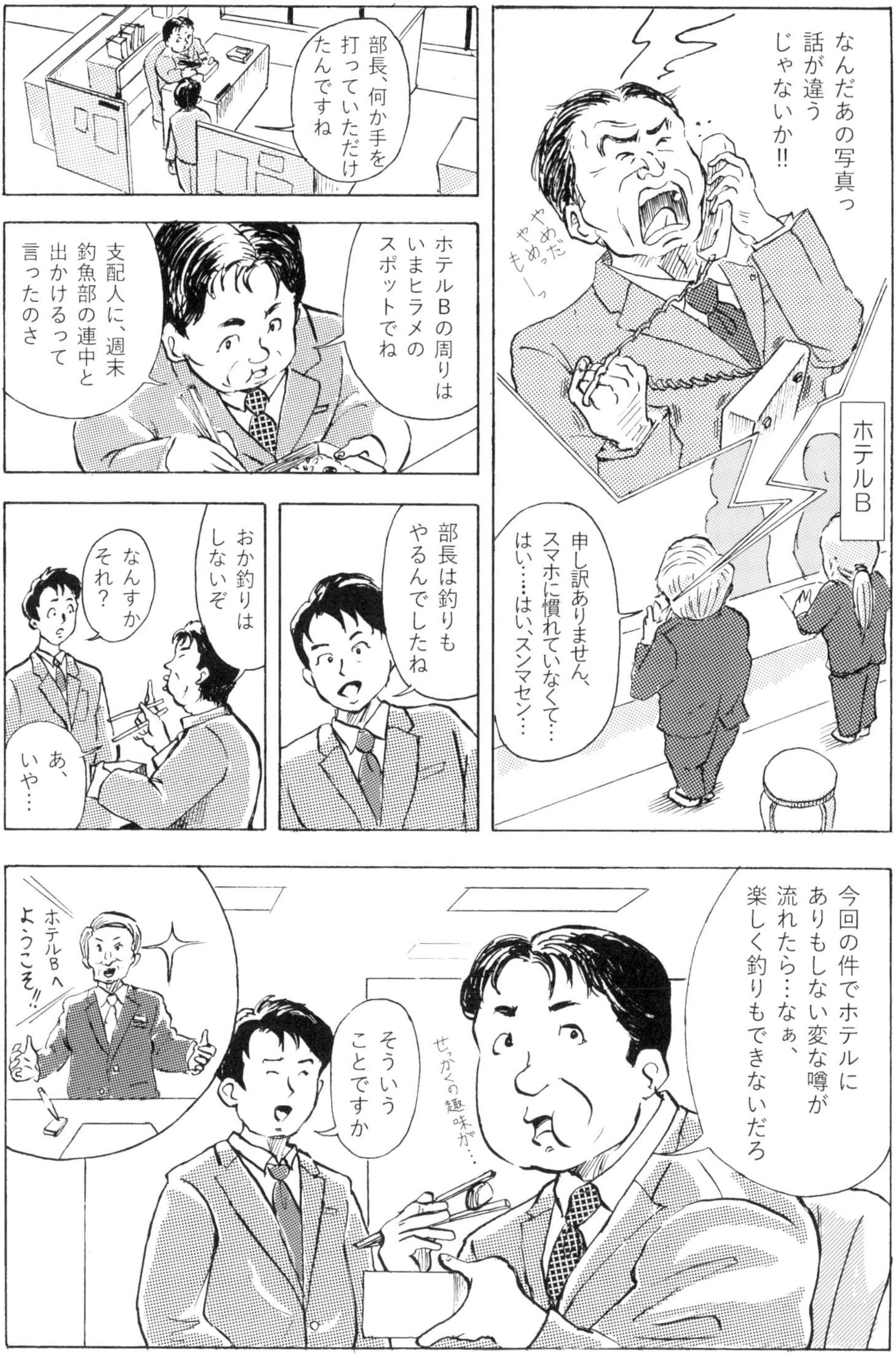
なんだあの写真っ話が違うじゃないか!!
やめだやめっもーーっ
ホテルB
申し訳ありません、スマホに慣れていなくて…はい……はい、スンマセン…
部長、何か手を打っていただけたんですね
ホテルBの周りはいまヒラメのスポットでね
支配人に、週末釣魚部の連中と出かけるって言ったのさ
部長は釣りもやるんでしたね
おか釣りはしないぞ
なんすかそれ?
あ、いや…
今回の件でホテルにありもしない変な噂が流れたら…なぁ、楽しく釣りもできないだろ
ホテルBへようこそ!!
そういうことですか
せっかくの趣味が…

第4話

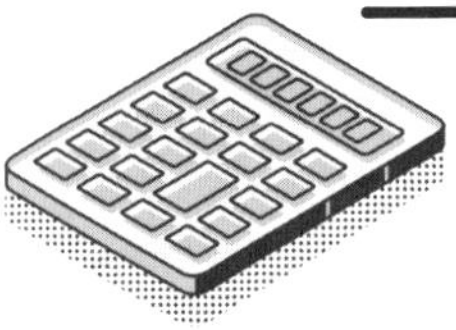

「老朽化施設をめぐって」の解説

高度経済成長から50年――荒廃する日本のインフラ

アメリカでは、1930年代の世界恐慌をニューディール政策で克服しました。大規模な公共事業を行い、失業者に仕事を与えたのです。しかし、それから50年後の1980年代、その公共工事で整備したインフラの老朽化が深刻な問題となり、「荒廃するアメリカ」と呼ばれました。

日本にも、1960~70年代の高度経済成長期に造られたインフラの老朽化問題があります。その象徴的な事件が、中央自動車道笹子トンネルの事故(2012年)でした。高度経済成長から50年が経過し、日本にも「荒廃するアメリカ」と同じ危機が迫っているのです。

国土交通省は所管するインフラの維持更新経費を、今後50年間で190兆円と試算し、このままでは、インフラの約16%は更新できなくなると発表しました(国土交通白書 2011)。

一方、総務省は「公共施設及びインフラ資産の将来の更新費用の比較分析に関する調査結果」(2012年)をまとめ、市町村が今後40年間で必要とする更新費用は年間8兆円で、住民1人当たり年間約6万4千円になることがわかりました。市町村の税収と地方交付税を合わせた財源(一般財源)は年間約30兆円ですから、住民1人当たりにすると25万円になります。

「何とかなりそうな額じゃない?」と思われるかもしれません。

しかし、問題なのは、この額が人口250万人以上の自治体では4万円なのに対し、人口1万人以下の自治体では24万円と、6倍もの格差があることです。このため、全国の自治体で、公共施設等の状況、更新費用の見込みと基本的な方向性を示す「公共施設等総合管理計画」が策定されました。

公共施設等総合管理計画の中身

「公共施設等総合管理計画」ではインフラを、道路・橋梁・上下水道などの狭義の「インフラ」と、学校・病院・公園・公営住宅などの「公共施設」とに区分し、大きく3つの課題を挙げています。

① 急激な老朽化
大規模修繕の目安である築30年を経過したものが大多数であり、計画的に大規模修繕や更新を実施し、耐震化と安全性の確保、同時に費用の平準化を図る必要がある。
② 住民ニーズの変化
人口減少、少子高齢化の進展とともに住民ニーズが変化している。
③ 厳しい財政状況
生産年齢人口の減少とともに税収が減少、社会保障関連経費の増加が予測される中、今後のインフラと公共施設の維持更新に係る経費を捻出できなくなるおそれがある。

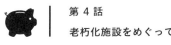

対応策としては、おおむね次の３つが挙げられています。

①　公共施設の量の適正化

施設の統廃合を進めるため、数値目標を掲げる。

②　長寿命化

予防保全型の維持管理を進め、ライフサイクルコストの縮減を図る。

③　資産活用と民間活力の導入

ＰＰＰやＰＦＩなど、地域経営を意識した施設運営を図る。

ライフサイクルコスト（ＬＣＣ）とは？

ＬＣＣとは、建物の計画・設計・建設などの初期費用に・光熱水費・保守点検・清掃・修繕などの維持管理費、そして、税金や保険・解体処分費までを加えた、建物の生涯に必要な総費用のことです。このＬＣＣの考え方は道路、橋梁等のインフラにも適用されています。

建物のＬＣＣは使用年数により違いますが、建設費の概ね４～５倍です。ですから、建設計画の中で、費用対効果を検討する際の「費用」は建設費でなく、ＬＣＣに焦点を当てなくてはなりません。場合によっては、初期費用が高くてもＬＣＣが低減される工法や設備を選択します。

公共施設の建設には補助金が入ります。地方債を発行して建築費に充てることもできます。

こうした財源対策によって建設時にはそれほど費用がかからないため、ＬＣＣを意識しないままインフラや公共施設を計画すると、後世の負担は重くなるばかりです。

地方債は自治体のローン

地方債の発行は、家庭でいえば住宅ローンと同じです。若いうちに住宅ローンを組んでマイホームを建て働きながら返す。そうすれば、早くからマイホームに住むことができます。反対に、お金を貯めてから建てるとしたら、マイホームに住むのは何年も先になってしまうでしょう。地方債の発行によって、必要な行政サービスを早期に実現することができるのです。

また、学校や体育館など何十年にもわたって使用する施設を、現在の住民の税金だけで賄うのは公平とは言えません。そこで、地方債を発行し、将来の住民に償還費用を負担してもらうことで、世代間の公平を図ることも、地方債の役割の1つです、親子2世代ローンといったところでしょうか。

自治体の歳出は、地方債以外の歳入をもって、その財源としなければなりません。ただし、次に掲げる場合には、地方債をもってその財源とすることができます（地方財政法5条）。

- 公共施設建設事業費、土地購入費
- 水道、交通事業のような地方公営企業に要する経費
- 災害応急事業費、災害復旧事業費、災害救助事業費

・出資金および貸付金
・地方債の借り換えのために要する経費
これらを、5条債・建設債・通常債などと呼んでいます。

2001年度以降、多くの自治体が地方交付税の不足を補うため臨時財政対策債を発行しています。これは後世にツケを回すだけの赤字債です。

発行残高は年々増え続け、全地方債の25％にもなっています。

地方債の発行手続き

これまで、地方債の発行は、都道府県は総務大臣の、市町村は都道府県知事の許可が必要でしたが、2006年度から協議制に移行しました。総務大臣等の同意がある場合は、元利償還金が地方財政計画の歳出に算入されるとともに、公的資金の充当が可能となります。仮に同意が得られない場合でも、議会に報告すれば地方債を発行できます。

また、2012年度から実質公債費比率が18％未満の自治体について、民間等資金債の起債にかかる協議を不要とする事前届出制が導入されました。さらに、2016年度から届出基準が一部緩和されるとともに、公的資金債の一部に事前届出制が導入されています。

こうした規制緩和は自治体の自主性や自立性を高めるためですが、それは同時に、自治体が自ら責任を持って健全な財政運営に努めなければならないということを意味しています。

いくらまで借金できる？

住宅ローンでマイホームを購入する場合、ローンの返済割合を年収の25％以下にすると安心だとされています。つまり、年収４８０万円であれば、月々の返済額は10万円が限度です。金利年1.5％で35年ローンの場合、約３２６５万円まで借りることができます。

では、自治体はいくらまで借金できるのでしょうか。

自治体のローンは、公債費負担比率と、実質公債費比率の２つが目安になります。

公債費負担比率は公債費（ローンの返済額）の一般財源（使途が特定されていない財源、つまり自治体の収入）に占める割合で、一般的に15％を超えると「警戒ライン」、20％を超えると「危険ライン」とされています。

一方、実質公債費比率は、実質的な公債費相当額の標準財政規模（標準税率により算出された地方税に普通交付税等を加えた一般財源の規模）に対する比率の3年平均で、これが18％以上になると地方債発行の際、総務大臣等の許可が必要となり、25％（早期健全化基準）以上になると一定の地方債の起債が制限され、35％（財政再生基準）以上になるとさらにその制限が強くなります。

２０１７年度決算で実質公債費比率が18％以上の自治体は15あり、うちひとつが35％以上の財政再生団体です（93頁参照）。

1部屋しかない!?

第5話

市長が使える予算

第5話
市長が使える予算
これじゃ公約も何一つできないじゃない！
子ども医療費の無償化は私の重要な公約なのに…
お金が厳しいのはわかるけど…
緊急で補正予算でも組めないのかしら
私どももE市のように無償化したいところですが
財源の2億円が捻出できません
財源の手当てもできずに提案すれば…
バラマキとの批判を受けかねません議会も反対していますご承知でしょう
わかっていますだから相談してるんじゃない
では経常経費をカットするしかないでしょう

一律5%のカットで2億円は捻出できます
業務の外部委託
イベント等の事業の削減
財源の確保ねぇ実現したいのはわかりますが…
何かいい方法はないか
そうですなぁ各事業の予算額に0.95をかければ2億円が捻出できますよ
それで大丈夫かね
でも、それは財政部長が反対してるんでしょう?
彼は一律カットが職員のモチベーションを下げると言ってますが
対案を出していない
対案がなければ私の提案に従うそれが役所のルールです
…杉下部長を呼んで
わかりました

公約はなんとしても
実現させたいの
副市長の案、本当に
対案はないの？
すみません
しかし一律カットは
絶対にいけません
安易な削減は
必ず破綻します
長く続くとは
思えません
それに…
失礼ですが
市長は無能だと
市民に思われる
でしょう
じゃぁ
対案を示して
もらえる？
わかりました
少しお時間を
ください
財政課
一律カットぉ!?

ひどくないですか
対案を模索中なんだ
郵送料の節約じゃ焼け石に水ですね
粗大ごみの無料持ち込みでも、2億円のほんの一部だね
小野さん、財政課のチカラで捻出できませんか
財源はな、財政課がひねり出すわけじゃない
事務事業
窓口・問合せ
地域活動
○○課業務
連携・協働
課題も解決方法も現場にあるんだ
山崎さんも市民課の業務や窓口、市民の声とかで…
あっ
ん？
A保養所の視察のとき！
部長と施設の運営費や修繕費のこととか話したんです
「建て替え中止」の材料を確認するために

そうか
廃止か!!
保養所の
現在の運営費、
将来の維持コストの
資料を坂本部長と
共有しておいて
くれないか！
…はい！
廃止に伴う
リスクについても
調べますね！
市民課
せっ　せっ
なんだか
張り切って
るわね
A保養所の
資料を探して
るんです
この前視察
してたわね
最近は利用者も
だいぶ減っている
みたいよ
近くにBホテルが
あるんですよ

保養所のことは進藤さんが一番よく知ってるわよ
進藤補佐が？
昔、A保養所をつくったときの担当は進藤さんなのよ
そうなんですか
それなら、廃止するときの問題についても相談に乗ってくれますよね
廃止？
子ども医療費無償化の財源に充てられないかと
それって島本市長の公約の？実現できたらすごいじゃない
頑張ってね
はい!!
資料を揃えて提案すれば…
きっとうまくいくはず!!
おーい山崎さん電話…

第5話

「市長が使える予算」の解説

後から肉付けして本予算にする「骨格予算」

4年に一度の統一地方選挙や、それ以外でも年度初めに首長選挙が行われることがあります。その直前に行われる予算審議をできるだけスムーズに通すために編成されるのが「骨格予算」です。

骨格予算には法令などに基づく義務的経費、既存施設の維持管理費、既に債務負担行為や継続費を設定している事業費など、必要最小限の経費を計上します。新規の施策や政策的経費を計上しないので、議会が厳しく審議する必要のない、いわば、否決されない予算です。

では、どうして、そんなことをするのでしょうか。骨格予算がつくられるのは、次のような場合です。

① 現職の首長が立候補せず、次期首長に政策的に使える財源を残しておこうと考えた場合

② 立候補する、しないにかかわらず、選挙で民意を測った後、政策的な判断をしたい場合

どんな理由があるにせよ、本予算（当初予算）が議決されないと、住民生活に重大な影響を及ぼします。これを避けるために編成するのが骨格予算です。そして選挙後、新規の施策や政策的経費などを補正予算で肉付けします。これを「肉付け予算」と言います。なお、この骨格予算も肉付け予算も「俗称」です。

また、骨格予算はあくまで一会計年度を通じた予算であり、数日間から数か月程度の短期

間の予算である「暫定予算」（地方自治法218条）とは異なるものです。

首長の使える予算はいったいいくら？

例えば、一般会計で700億円規模のM市が骨格予算を編成しましたが、次期政権のために残した財源は15億円でした。また、肉付け予算が骨格予算の1％以下という例も少なくありません。

つまり、予算の大半の使途は決まっているのです。

「どうして、そんなに少ないの？」と不思議に思われるかもしれません。

しかし、予算の許す範囲で住民のために、あれもやりたい、これもやりたいと考えるのが歴代首長の仕事です。ですから、自治体財政に余裕などあるはずがありません。

財政課が、いつも「財政は厳しい」と言う裏には、こうした理由があるのです。

財政の余裕の少なさを示す経常収支比率

自治体財政の余裕を表す指標の1つに「経常収支比率」があります。経常収支比率は、経常一般財源（一般財源のうち地方税・普通交付税のように毎年度、経常的に入る収入）が、経常経費（人件費・扶助費・公債費のように、毎年度、経常的に支出される経費）に充てられる割合です。

もっとやさしく、例えば家計でいえば、主たる収入である給料が、家賃や光熱水費・食費など、生活するうえで不可欠な経費に何%充てられているかという割合です。この数字が高いと、雨漏りするけど余裕がないから応急処置だけにしておこう、旅行や流行の服も余裕がないから我慢しよう、ということになります。

家計の場合、余裕があればあるほどいいわけですが、自治体はそうではありません。自治体は、その役割を果たすために税金を徴収しているので、余裕が大きすぎると「税金の取りすぎだ！」と、批判を浴びかねないからです。

そこで、自治体の経常収支比率は70～80%が適正とされています。これを超えると財政に余裕がなくなり、そのような状況を「財政の硬直化が進んでいる」と表現します。

実際、経常収支比率が95%を超えている自治体も少なくありません。このことからも、首長の自由に使える財源が決して多くないことがわかります。過去には財政破綻した自治体も存在します。

財政は赤信号？ それとも黄色？ 新しい財政指標

Y市の公営企業を含めた財政破綻を契機に、2008年「地方公共団体の財政の健全化に関する法律」が施行され、新しい財政指標の公表が義務付けられました。健全化判断比率には、実質赤字比率・連結実質赤字比率・実質公債費比率・将来負担比率の4つの財政指標があります。自治体は、いずれかが「早期健全化基準」以上となった場合、早期健全化団体として自主的に財政の健全化を図るため、「財政健全化計画」を策定しなければなりません。

さらに、将来負担比率を除く3つの指標のいずれかが「財政再生基準」以上となった場合は財政再生団体となり、国の関与のもと「財政再生計画」を策定し、財政再建の道を歩むことになります。同様に、公営企業は資金不足比率が「経営健全化基準」以上になった場合、「経営健全化計画」の策定が必要になります。

- 実質赤字比率……実質赤字の標準財政規模に対する比率
- 連結実質赤字比率……全会計の実質赤字額または資金不足額の標準財政規模に対する比率
- 実質公債費比率……元利償還金等の標準財政規模に対する比率（81頁参照）
- 将来負担比率……実質的な負債の標準財政規模に対する比率
- 資金不足比率……公営企業ごとの資金不足額の事業規模に対する比率

2013年度以降、イエローカードとも言える早期健全化団体はゼロ、レッドカードの財政再生団体はY市だけです。したがって、この新しい財政指標だけで自治体の財政状況を判断するのは危険です。

首長の力量が問われるS&B

企業が新たな部門を設けるとき、採算や効率の悪い部門を整理することを「スクラップ・

アンド・ビルド（S&B）」と言います。同様に自治体では、新たな予算や組織（人員）を要求する場合、既定の予算や人員の見直しを、要求する部課に求めることがあります。予算や組織の肥大化を防ぐためです。

自治体の予算は「量入制出」（44頁参照）です。新たな財源がなく、収入が増えなければ、支出のどこかを削って新しい事業を予算化するしかありません。人員や組織も同じです。

もっとも、S&Bを要求する部課に求めるだけでなく、部課の枠を超えたS&Bが行われなくては、自治体のS&Bは、掛け声だけで終わってしまうでしょう。

ここは、首長の力量が問われるところです。

狙われる自治体の貯金

首長が使える予算（財源）に、基金があります。

自治体の基金とは、家計に例えれば貯金のことです。いざというときの出費に備えて、貯金があると安心して暮らせますし、子供の進学に備える学資資金や旅行費用の積み立てなど、まとまったお金をつくるために貯金することもあります。自治体の基金には、次のようなものがあります。

- 財政調整基金……年度間の財源の不均衡を調整するためのもの
- 減債基金……地方債を計画的に償還するためのもの

・積立基金……特定の目的のため、財産を維持、もしくは必要資金を積み立てるもの。ただし、設置目的のためでなければ元本・収益とも処分する（取り崩す）ことができない。
・定額運用基金……物資調達基金は定額の資金の範囲内で物資を調達し、それを各部課に売り払って、その代金を再び基金に収納し、新たな物品調達の資金とします。歳入歳出予算に関係なく運用できるので、事務を効率的に行うことができます。総計予算主義（178頁参照）の例外です。

このように基金にはそれぞれ目的がありますが、政府のある機関が、自治体の基金を「埋蔵金」と呼んだことがあります。狙っているのは首長ばかりではないのです。

小野さん、財政課のチカラで捻出できませんか

第6話

補助金の罠

市営バスを運行するより安く済みますし
増額分も含めて補助金の2分の1は県が補助してくれます

でもそれでいいのか？
本当に必要な事業に財源を充てていくのが財政担当の役目じゃないか

第6話
補助金の罠
先に行くね
いってらっしゃい!
これはR交通への補助金の増額要求ですね
はい P路線の赤字が拡大しておりまして
今年も補助金でしのいでいこうと
いつまでも赤字補てんを続けるわけにもいきませんよね
う〜ん
市営バスを運行するより安く済みますし
増額分も含めて補助金の2分の1は県が補助してくれます
じゃ〜補助金がつけばということで
ええ、よろしくお願いします
県の補助金も元は同じ税金ですよね

県も赤字路線バスを支えるという方針ですから
市も付き合えと?
…いつものことですやむを得ません
R交通は赤字を少しでも小さくする努力をしているんでしょうか
ワンマンバス1台での運行ですから経費の節減にも限界があります
利用者も限られていますし、なかなか難しいですね
路線バス以外の交通手段を考えたことはないんですか
県の補助メニューにはないので
路線バスがないと困る人は何人くらいいるんですか
利用者の数と同じでしょうから資料のとおりです

パラ
パラ…
……
3年間、集落の人口はほとんど変わらないのに利用者が減っているのはなぜですか
…まぁ出かけたいときに路線バスが走ってないとか
路線バス以外の交通手段は？
まあ自家用車かタクシーか…
児童生徒にはスクールバス、障がい者や高齢者には福祉バスがありますよね
コミュニティタクシーとか
いやそれは担当ではありませんので
補助金を受けることでR交通は思考停止に陥っていると思いませんか
…厳しい中それなりに努力していると思いますよ
資料からは読み取れませんが……
……
県から補助金が入るので
あなたも思考停止に陥ってませんか
ダンッ

それは言い過ぎでしょう!!
私だっていろいろ考えてるんだ！
それでもダメだから補助金の増額を要求してんだよぉ!!
ではそのいろいろというのを伺いましょう
もういい!!
課長と直接話す!!
行っちゃいましたね…
どの担当課も、事業は安定させたい…だから補助金頼みになる例もある
国や都道府県の補助金が付けば、それだけでも事業の優先度が上がる
でも実際のところ事業や予算の必要性なんて
担当課じゃなきゃわかんないっすよね
でもそれでいいのか?
本当に必要な事業に財源を充てていくのが財政担当の役目じゃないか

プシュー…
財政部長室
だいぶやりあったみたいだな
すみません…
なに謝ることじゃない
まぁ、交通課長からは電話があったよ
すごい剣幕で…
はは…
あぁ…
私には交通部長からだ
とにかく、関係部局で集まって交通不便地域解消の打合せをすることになった
小野君にも出席してもらうよ
はいっ
その後、交通課、事業者や市民、財政課を交え――
運行経費やルートなど現場の状況を踏まえ、補助額のあり方について対話を重ねた

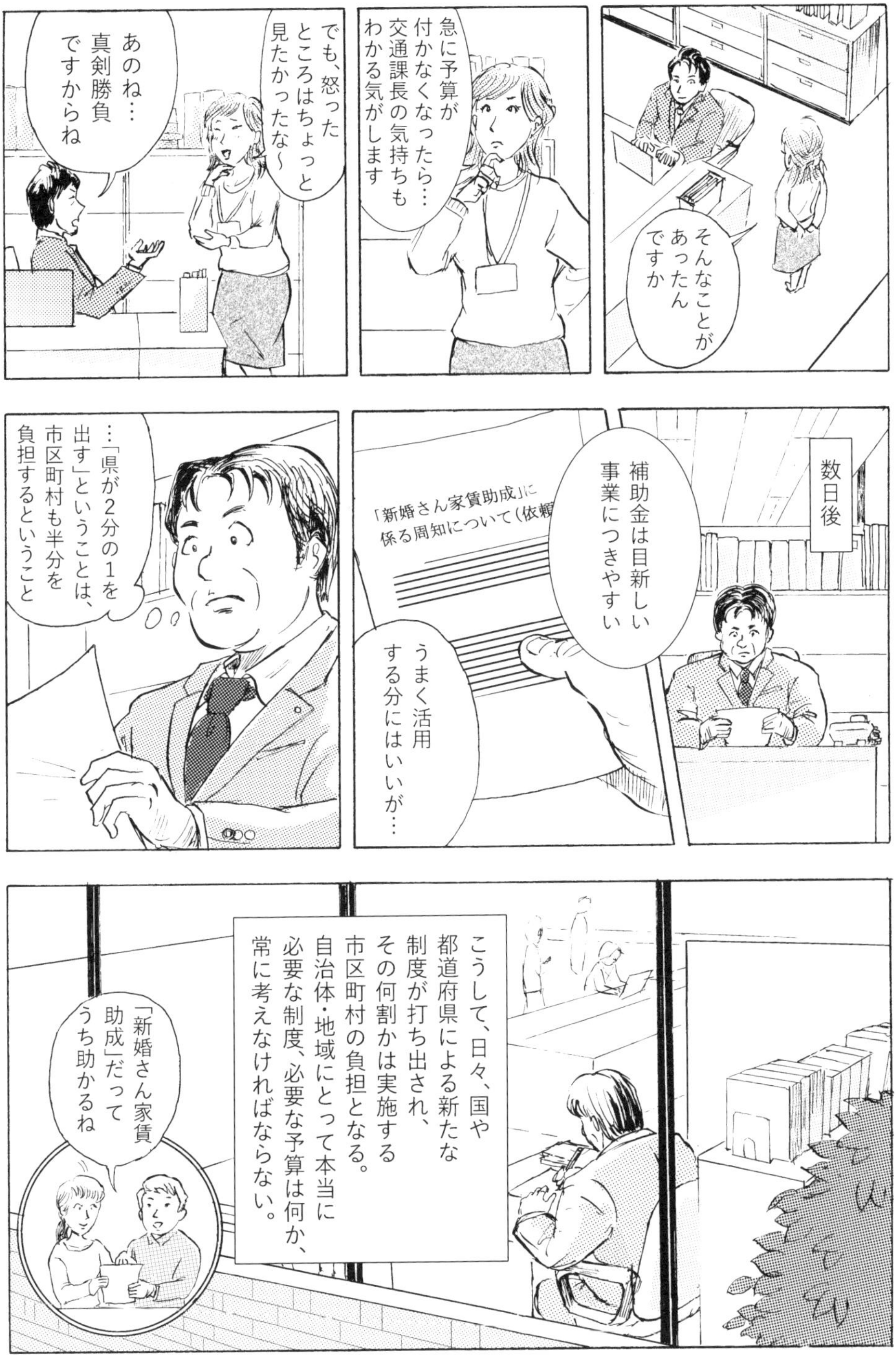
そんなことがあったんですか
急に予算が付かなくなったら…交通課長の気持ちもわかる気がします
でも、怒ったところはちょっと見たかったな～
あのね…真剣勝負ですからね
数日後
補助金は目新しい事業につきやすい
「新婚さん家賃助成」に係る周知について（依頼
うまく活用する分にはいいが…
…「県が2分の1を出す」ということは、市区町村も半分を負担するということ
こうして、日々、国や都道府県による新たな制度が打ち出され、その何割かは市区町村の負担となる。自治体・地域にとって本当に必要な制度、必要な予算は何か、常に考えなければならない。
「新婚さん家賃助成」だってうち助かるね

第6話

「補助金の罠」の解説

規制緩和が生んだ「赤字路線バス」

赤字路線もあれば黒字路線もある。そんな地域では、新規参入を規制して収支のバランスをとるという、路線バスの需給調整が行われてきました。赤字路線の「赤」を黒字路線の「黒」で埋めていたのです。しかし、2002年の規制緩和で、この需給調整が廃止されました。新規参入が許され、赤字路線からの撤退も自由になったのです。

この規制緩和が「赤字路線バス」を生みました。

需給調整が行われていたとき、バス事業者には赤字を回避する次の2つの方法がありました。

- 赤字路線の赤字を減らすこと
- 黒字路線の黒字を増やすこと。あるいは黒字路線を増やし収益を上げること

もう、おわかりですね。規制緩和は黒字を増やすという赤字回避の方法をバス事業者から奪ったのです。そのうえ、自治体が赤字補てんのために補助金を出せば、バス事業者は赤字を減らす努力をしなくなります。努力して赤字を減らしても補助金収入が減るだけだからです。今や、全国の7~8割の路線バスが赤字です。

民間活力を活性化するための規制緩和が裏目に出たわけです。

「このままでは、買い物にも、学校にも行けなくなってしまうのでは?」と心配する声が

上がっています。

そこで、自治体の出番です。地域の中には、路線バス以外にも、スクールバスや福祉バス、病院や介護の外来用送迎バスなど、いろいろなバスが走っています。様々なサービスを総合的に捉え、地域のインフラとしての「人流」を整備するのは、自治体の大切な仕事です。

これを実現するには、縦割り行政を排し、「できない」という先入観を捨て、自由に、柔軟な発想で知恵を出す必要があります。

「できない」ものを「できるようにする」、創造的な仕事です。

さて、バスや鉄道で旅客と貨物を一緒に運ぶことを「貨客混載」と言います。国はこれまで、旅客運送の安全確保という観点から、貨物自動車運送事業（物流）と旅客自動車運送事業（人流）とを明確に区分し、貨客混載を禁じていましたが、2017年に大幅な規制改革が行われ、路線バスについては重量制限が撤廃され、人と荷物が一緒に運べるようになりました。

赤字路線の維持と、バスやトラックの運転手不足解消を同時にねらった規制改革です。

「貨客混載」が赤字路線バスの救世主となるのでしょうか？ 全国各地で様々な取り組みが始まっています。

ビルド&ビルドを助長する補助金

バス事業者への赤字補てんが、バス事業者の思考を停止させるように、国や都道府県の補助金が、自治体の新たな事業を開始するきっかけになることがあります。補助金が入れば財政負担は軽くて済み、財政課の査定も甘くなり、予算も付きやすくなるからです。

しかし、補助金は全額補助されることは稀で大体2分の1か3分の1程度、残りは実施する自治体で負担するのが普通です。しかも、地域特性が考えられておらず画一的で使いづらい、補助金による事業は自ら考えたものではないため下請け仕事になりがちで本腰が入らない、などの欠点があります。

また、必要性がなくなっても補助金が続く限り止めることはできず、反対に、補助金が打ち切られても、関係者から「やめないで」の要望の嵐。財源を捻出し、継続することになってしまうのです。結局、補助金はビルド&ビルドを助長するだけです。

特定財源と一般財源

こうした国や都道府県からの補助金を「特定財源」と呼びます。特定財源は、あらかじめ使途が決まっている自治体の収入で、国庫支出金（補助金）、都道府県支出金（補助金）のほか、使用料・手数料、分担金・負担金、寄附金、財産収入、繰入金、諸収入、地方債などがあります。

これに対し、「一般財源」は、使途があらかじめ決まっておらず、どんな経費にも使用できる自治体の収入で、地方税、地方譲与税、地方交付税、地方消費税交付金などがあります。自治体としては、自由に使える一般財源が多ければ多いほどいいわけですが、実際は、全収入の約半分に過ぎず、しかも、その3分の1は、徴収を国や都道府県に依存する「依存財源」です。

依存財源と自主財源

「依存財源」は、国または都道府県の意思に依存する収入です。国庫支出金（補助金）、都道府県支出金（補助金）、地方譲与税、地方交付税、地方消費税交付金、地方債などがあります。

これに対し、「自主財源」とは、自治体が自らの権限に基づいて自主的に徴収できる財源です。地方税、手数料・使用料、財産収入、寄附金などがあります。

自律をめざす自治体としては、自主財源が多ければ多いほどいいわけですが、その割合は全収入の6割に過ぎません。そのうち、使途の定まっていない一般財源は地方税だけで、その収入額は全体の3割程度に留まっています。「3割自治」と言われる所以です。

タテの関係をつくる補助金

地方分権改革とは、国と自治体が対等の関係で住民サービスを提供することです。

現在、国と自治体は共同で住民サービスを実施していますが、国や都道府県が2分の1、3分の1を補助するというタテの関係では、誰が責任者なのかはっきりしません。

それぞれが主体的、自律的にサービスを展開するためにも、国のサービスは国の財源で、自治体のサービスは自治体の財源で実施されるべきでしょう。そのとき初めて、国と自治体が対等の関係になり、「3割自治」から脱却することができるのです。

補助金っぽい⁉ 地方交付税

自治体運営に必要な財源は本来、その地域の地方税で賄うべきです。

しかし、税金は取りやすいところから取るのがセオリー。所得税は高額所得者から多く取ります。人の集まるところは地価も高いので、多額の固定資産税が取れます。したがって、都市部のほうが税金をより多く徴収できるのです。

地方交付税は、こうした自治体間の財源の不均衡を調整し、どの地域の人々にも一定の水準の行政サービスが提供できるよう、自治体の財源を保障するためにあります。

その財源は国税である所得税、法人税、酒税、消費税の一定率と、地方法人税の全額です。

財源が地方税でなく国税というところが、補助金っぽいですね。

「交付金」という名称から補助金のように見えますが、違います。国が使途を制限したり、条件を付けることも法律で禁じられています。地方交付税は、自治体が自由に使える一般財源です。

そして、それぞれの自治体には、基準財政需要額（法定の単位費用と人口などの測定単位の積に補正を加えたもの）から基準財政収入額（標準的な地方税収入見込額に原則75％を乗じたもの）を差し引いた財源不足額を補てん（交付）します。

財源不足の補てんだなんて、ますます補助金っぽいですね。

地方交付税の94％は、こうした財源不足に応じて交付される普通交付税で、残りの６％は災害などの予測できない事態の際に交付される特別交付税です。

補助金っぽい⁉ 地方財政措置

国は自治体の政策を誘導するため、たびたび次のような「地方財政措置」を行います。

- 自治体の負担する事業費の全部または一部を、普通交付税の基準財政需要額に算入する。もしくは特別交付税で措置する。
- 自治体の負担する事業費に地方債を充当し、後年度に自治体が負担することになる元利償還金を普通交付税の基準財政需要額に算入する。

やっぱり補助金っぽいですね。

慢性的に不足している地方交付税

毎年度、国の予算案が決まると地方財政計画が発表されます。地方財政計画は地方交付税法に基づき作成される、翌年度の自治体の歳入歳出総額の見込額です。国の予算で自治体に必要な予算が決まり、地方交付税の総額も決まるというシステムです。さらに、地方財政計画には自治体の財源となる地方債まで計上され、総務大臣や都道府県知事が同意・許可する地方債予定額を定めた「地方債計画」につながっています。日本の自治体の約95%が地方交付税の交付を受けている交付団体ですから、自治体の行政水準は、この地方財政計画で決まっていると言っていいでしょう。

しかも、交付されなければならない地方交付税の財源が慢性的に不足しています。この財源不足は1994年ごろから顕著になり、その額は、過去10年間の合計で100兆円を超えています。

地方交付税法では、普通交付税の総額が引き続き、各自治体の財源不足額の合算額と著しく異なることとなった場合は、国税の一定率とした「率」の変更を行うことになっています(地方交付税法6条の3第2項)。これは、地方交付税が「国が地方に代わって徴収する地方税」という性格を持っているからですが、国も赤字国債を使って予算をつくっている現状では、この財源不足が簡単に解消するとは思えません。

地方交付税の不足を補う臨時財政対策債

地方交付税は地方税に次いで大きな一般財源です。これが欠ければ自治体の経営は成り立ちません。そこで、2000年度までは、不足額を国の特別会計から借り入れ、補てんしていました。しかし、2001年度、国と地方の責任の明確化、国・地方を通した財政の透明化を図るため、不足額を国と地方とで折半し、地方分については自治体が地方債を発行して補てんすることになりました。その地方債が「臨時財政対策債」です。当初は文字通り3年間の「臨時」特例でしたが、地方交付税の慢性的な不足により、現在も発行され続け、その残高は50兆円を超えています。

また、その元利償還金については後年度に全額、普通交付金の基準財政需要額に算入されることになっているため、臨時財政対策債は普通交付税の代替措置とされています。

これもどこかで聞いたような話ですね。

補助金を受けることでR交通は思考停止に陥っていると思いませんか

第7話

使い切り予算

あれは国庫補助金を使い切るためだった

おいおい気をつけろ〜それも指摘されるぞ
すいませんっ

第7話
使い切り予算
いいか みんな
今年の定期監査は 市民課が対象だ
書類の管理や 契約等の執行は いつも以上に気を 引き締めてな
監査って 何を見る んですか
事務処理が 適正に行われ ているか チェックして 公表されるのよ
決裁資料の押印 漏れなんかも 注意が必要だ
そういえば昨日の 出張、システムで 申請した?
あっやべ!
おいおい 気をつけろ〜 それも指摘 されるぞ
すいませんっ
翌月

何かあったのかしら
定期監査で大量の郵便切手が見つかったそうです
ですから、予算が残って執行率が下がらないようにしたんです
切手にしておけばいつでも市民のために使えます
何年もそうしてきたじゃないですか
出張所で20万円分だそうです
本庁舎では郵便局に差し出すけど、小さな所は例外的に切手を購入してるんです
今回、特別に買い込んだってこと？
いえ、去年も同じくらいありましたけど問題になってませんよ
いつだったか、100万円分の切手を購入した事件があったわね
それはずいぶん前の話だ
あれは国庫補助金を使い切るためだった

じゃぁ 何で今ごろ…
それがわからない
年度末に購入された切手がほとんど使われていなかったこと、もちろん受払簿はしっかり付けられていたようだが…
2万円以上の現金は預金管理すべきだが、事務室の金庫に保管されていたこと。
指摘されたのはこんなところか…
封筒に貼って保管すればよかったのでは…
その年度内に予算を使い切ろうとしたのがいけなかったんだろう
市長室
100万円事件のときにルール化したんですよ
でもそんなルールあったんですね
桜木市 余った予算で切手購入
苦情の電話が鳴りやみません

着服したわけでも不正な用途に使ったわけでもないんでしょう…
市長は会計年度独立の…
わかってます！
議会も総点検を迫ってきますよ
すぐに調査を始めましょう
後日、総務部長の指揮のもとで全庁での調査が実施された
この記事、やけに詳しいですね
全庁調査でも、2万円を超える切手を保管していたのは出張所だけらしい
内部に協力者《スパイ》がいるのかもなぁ
はっ？
――という調査結果が出ました

早速、懲戒分限委員会を準備しましょう
処分は免れないと…
当然でしょう
早く処分しないと議会も黙っていませんよ
出張所の担当者は、無駄遣いをしたわけではない
別の用途に使ったわけでもないと開き直っているそうですよ
組織として放っておいては示しがつきませんよ
以前の教訓が全く活かされていない…
これは部長・課長の指導不足が問題だな
その後、
出張所担当者は訓告
市民課長は戒告
市民部長は減給の処分が下った。

厳しい処分でしたね
ああ、名前こそ公表されていないが市民部の部長といったら1人しかいないもんな
処分まで早かったですね
新聞のおかげで苦情が殺到したらしいからな
身内に甘いとなれば、火に油を注ぐだけだ
火消しを急いだと…
おそらくねただ…役所の事務が
今までと同じやり方に疑問を持たないことの危うさも、あらわになった気がするなぁ…

第7話

「使い切り予算」の解説

定期監査だけじゃない監査委員の仕事

監査委員（独任制なので監査委員会とは言いません）は、自治体や自治体が補助金等の財政的援助を行っている団体が、適法に、かつ合理的・効率的・経済的に事務処理を行っているかどうかを監査します。監査の結果は公表され、自治体運営の透明性を自ら示す仕組みになっています。

定期的に必ず行われる監査には次のようなものがあります。

- 定期監査……事務の執行および経営に係る財務監査（年1回以上）
- 決算審査……予算の執行・事業の経営が、適正かつ効率的に行われているかの審査
- 例月出納検査……出納事務について間違いがないかの検査（毎月）
- 基金の運用状況の審査……基金の運用が、適正かつ効率的に行われているかの審査
- 健全化判断比率等の審査……健全化判断比率、公営企業に係る資金不足比率についての審査

さらに、監査委員が自ら必要に応じ、または住民等からの請求・要求に応じて行われる監査があります。

- 随時監査……随時行うことのできる、事務の執行および経営に係る財務監査
- 行政監査……財務にとどまらず、事務の執行を対象として実施する監査

・財政援助団体等の監査……必要がある場合または首長の要求によって行う
・指定金融機関等の監査……首長、公営企業管理者からの請求によって行う
・事務監査請求による監査……住民・議会・首長からの要求によって行う
・住民監査請求による監査……住民からの請求によって行う
・職員による現金・物品等の損害事実の有無の監査等……首長からの請求によって行う

外部監査制度

外部監査とは、監査委員の監査を補完し監査機能の充実を図るため、自治体の組織に属さない外部監査人（弁護士、公認会計士、税理士など）が実施する監査です。

・包括外部監査
包括外部監査人が、自ら必要と認める特定のテーマについて、毎会計年度1回以上実施する財務監査。都道府県と指定都市、中核市には義務付けられているが、その他の市町村は条例の定めにより実施することができる。

・個別外部監査
住民・議会・首長が監査委員に対し監査の請求（要求）を行うとき、監査委員の監査に代えて求めることのできる、個別外部監査人による監査です。条例の定めにより実施することができます。また、健全化判断比率等のうち、いずれかが早期健全化基準以上である場合に

は、財政悪化の要因分析などについて、個別外部監査の要求を行うことが義務付けられています。

でも、監査委員の監査だけでは、どうしてダメなのでしょうか。

１９９５年、ある自治体で実際には行っていない出張旅費を請求し（カラ出張）、官官接待などに充てる裏金づくりが、長年にわたり組織的に行われていたことが発覚。多くの自治体でその存在が明らかになり大量の処分者が出ました。こうした不正な経理を防ぐには、自治体の内部組織である監査委員制度だけでは限界があることから、監査の専門性と独立性を確保し住民の信頼性を高めるため、１９９８年、外部監査委員制度が施行されたのです。

不用額が多いとどうしてダメなの？

歳出予算を使い切らないと残るのが不用額です。「見積りより低価格で契約できた」「見積りより需要が少なかった」「事業そのものが天候、事故、その他の理由に中止になった」など、計画どおりに予算が執行できず、不用額となって残ることはよくあることです。

監査で「不用額が多い」と指摘された時代もありました。不用額が多いのは「見積りが甘かったからか、仕事をしなかったせいだ」というわけです。住民や予算を議決した議会にしてみれば、「この予算を使って○○すると約束したのに、その約束が果たされていない」ということになります。多額の不用額が出ることがわかっていたら、首長は、その財源で違う事業を予算化できたはずだと思うでしょう。何より、財政課に次年度以降の予算をカットする口実を与えることになってしまいます。

しかし、不用額を出さないために予算を使い切るのは、明らかに間違っています。問題は予算をいくら使ったかではなく、予算を使って事業の目的・目標をどのくらい達成したか、もしくはしなかったかということです。現在では、「使い切り予算」が批判され、事業執行の合理化・効率化の過程で生まれた不用額は、次年度以降に活用できる貴重な財源として捉えられるようになりました。これは、2000年ごろから導入された行政評価によるものです。

事業の目的や成果を「見える化」する行政評価制度

行政評価は、まず、自治体の様々な仕事について、「誰を対象に」「何をどのようにしたいのか」その目的を明らかにし、目標を設定します。そして、仕事の結果、どのくらい成果や効果が上がっているのかという業績を定期的に評価することによって、政策・施策・事業のそれぞれの段階で、事業の拡大や縮小、事業手法の改善などに役立て、その結果を次の予算に反映します。

自治体は行政評価を通じ、その説明責任を果たすことによって、自治体運営の透明性を高め、企業や住民との協働を進めることができるのです。

そこで、決算の審査に合わせて行政評価の結果を議会に提出し、公表する例が増えています。

先達らが生んだ違法なテクニック

- 預け金……業者と結託して虚偽の書類を作成し、支払金を業者に預け、後日、これを利用する。預け金は予算のしばりがなく、必要なときに必要なものを業者から調達できる。
- 一括払い……随時、業者に必要な物品を納入させ、後日、納入された物品と異なる物品の請求書等を提出させて、一括して支払う。その都度の事務手続きを省くことができる。
- 差し替え……業者に契約とは別の物品に差し替えて納入させる。予算がないとき、購入時・購入後のチェックの厳しい備品なども、消耗品に差し替えれば購入できる。
- 翌年度（前年度）納入……物品が翌年度以降（前年度以前）に納入されているのに、現年度に納入されたこととして支払う。予算がないとき、予算が余ったとき、現年度の補助金を獲得するときなどに使われていたテクニック。
- 水増し請求……実際より多い物品を発注したことにして、差額を業者から受け取る。
- カラ雇用……雇用の実態がないのに臨時職員等を雇用したことにして、賃金や謝金を受け取る。
- カラ出張……出張していないのに、出張したことにして旅費を受け取る。水増し請求もカラ雇用も同様に、裏金がつくれる。裏金という現金を手にすることができるので、自由に使える。

なぜ、そんなことをする必要があるのでしょうか。

「配当された予算や交付された補助金は使い切らなければならない」

「事務処理を簡略化できるなら、多少の手続きの瑕疵は許される」

「緊急に要する経費、予算外の経費を捻出する必要がある」

「自分の懐に入れるのではなく仕事のために使うのだから、悪いことをしているわけじゃない」

そんな意識も一因としてあったのでしょうが、一番の理由は、「長い間、そうしてきたから」です。しかし、「長い間、そうしてきたから」という言い訳は通用しません。

2006年に発覚し、懲戒免職者を出した自治体では、第三者委員会の調査によって、過去12年分で17億円もの裏金が確認され、利子を含めた19億円余りを退職管理職と現職管理職が分担して返還しています。

みなさんの周囲に、そんな因習は残っていませんか?

ですから、予算が残って
執行率が下がらない
ようにしたんです
切手にしておけばいつでも
市民のために使えます
何年も
そうしてきたじゃ
ないですか

花火大会

第8話
花火大会
山崎さん
あっ
高野さん
山浦さん
新しい職場でも
頑張ってるわね
高野さんも
お元気そうで良かったです
今年もね、花火大会の
実行委員をやるの
遊びに来てね
フフッ
忙しいところ
ごめんね
またね
ありがとう
ございます
お知り合い
ですか
観光課の頃
お世話になった
方々なの
T公園の花火
みなさん楽しみに
してるんだな…
その頃
市長室では――
市の財政状況を
考えれば、中止も
やむを得ないでしょう
市民に現状を知って
もらうためにも、ここは
市長のご英断をもって…
ち――ん

地域のつながりの場でもあるし…
花火は多くの市民が楽しみにしているのよね
しかしですな、市民に直接影響する扶助費や補助金を削るわけにもいきませんから
花火は一瞬の夢…3千万円が夜空にパッと消えるわけだ
パッ パッ
なんとかしたいところだけど…
えーー!! たくさんの市民が楽しみにしてるのにぃ
財政的には無理もないか
いーえ やってみなきゃわかりませんよ
前にいた観光課を手伝って、協賛金いっぱい集めちゃいます
あてがあるのか?

――というわけでして、来年の花火大会も協賛をご検討いただきたく参りました
内田観光課長
観光課　三田主事
観光課のときの
後輩
先輩
このところ業績が厳しく、来年は今年の半分で
ご勘弁いただきたいと思っていたところなんですよ
(株)大楽製菓
わぁりいね～花火まで協賛する余裕が無くなっちまってよぉ
ガッチャン
ガッチャン
そうですか…
(株)共創印刷
今年は特に難しそうだぞ
……
花火大会は中止ってききましたけど…
うわさで
(有)上野サイクルショップ
えっ!!

花火大会の件、協賛金集まっていないそうですよ
まぁそうだろう
何かなさったんですか
いやいや、何もどうしてだろうねぇ…
中止なんて話してないのに…
企業にしか広がってないみたいですし…
先回りされたのさ
誰にですか？
心当たりないか
私ですか？
う〜ん…
ま、まぁなければいいよ…
財政部長
というわけでして…

先回りねぇ…
逆手にとるのはどうだ
逆手…ですか？
協賛金が集まらなくて、花火ができなくなるかもしれないという噂を拡散するんだ
SNSとかで
いいんですか？
実際に企業の間でそういう噂があるんだろう
そうですが…
噂を噂するのは罪じゃないだろう
数日後——
ルルルル…
市民課山崎です
来年の花火大会、中止って本当ですか？地域の人たちと交流できる良い機会だったのに、残念です

はい、残念ですが…
えっ あ、ありがとう ございます
どうした
花火大会に 5千円でも 1万円でも寄附 したいという 方がいらして
こっちも 寄附したい という方が 何件か 来てます
それ いけるんじゃ ないか？
小口の寄附を 集めるんですね！
塵も 積もれば 山となる ですねっ
そうそう！
花火は 塵になっちまう けどな！
ダハッ
だっ 駄洒落はいいから 早く観光課に 行って相談して きなさいっ
……
はっ はい！
……

―観光課―
ボラン
募集
三田さん
あっ山崎さん
花火のことで提案があって…
こっちも協会の方に相談してたんです
森田さん、宮崎さん！
コンチハッ
お元気そうね
桜木市観光協会
森田会長　宮崎事務局長
私も市民のひとりとして、桜木市の花火大会を大切にしたい
一緒に考えましょう！
はいっ！
山崎たちは地域や市民の声に応えようと
それイイッスねーっ
企業はもっと手広く協賛にお願いしましょう協会のホームページから…
様々なアイデアを出し合った
見晴らしのいい席は有料席にするとか…
お先に…
遅いな山崎…
こっちも仕事が溜まってるっつーのに
ブツブツ
まあまあ

副市長室
花火大会実施の企画書があがってきました！
なんだって！
財政課も確認済みです…
目先の市民の声を聞くばかりでは市は施策を主導できない…
これじゃ財政状況もないがしろだ!!
御決裁
事務事業の優先度を考えれば、これは削っていくべき事業だろう…
我々の仕事は全体の奉仕であって、一部の市民だけのためじゃない…
今の市長のままでは桜木市の財政は悪化するばかりです
次の予算査定で今度こそ市長の失策を露呈させてやりましょう

第８話

「花火大会」の解説

施策の選択と集中

財政難で夏の風物詩、花火大会を中止した自治体があります。一方で、春や秋、冬にも花火を打ち上げて観光資源にしているところもあります。自治体の中でどの施策を優先するかは、非常に重要な問題です。花火大会の経費を節約するために、花火の打ち上げ数を半分に減らしてしまっては観客の満足を得られませんし、警備の人手を半分に減らしたら事故の危険性が高まります。

これで花火大会が成功するとは思えません。

住民ニーズに的確に対応した施策の選択はもちろんですが、その施策の目的、目標を達成するのに足りる十分な財源の投入（集中）もまた、重要なのです。

自治体に１００の事業があって、その１００全てが中途半端で目標を達成できない「無駄遣い」だったとしましょう。そこで、50の事業を廃止し、残りの50の事業に2倍の予算をかけ、50の目標を達成し50の無駄を一掃します。極端な例ですが、これが自治体の選択と集中です。

社会インフラの整備が急務だった成長社会において、施策の選択は自治体任せでした。社会インフラの整備に予算を充てれば、多数の住民の満足を得ることができたからです。

しかし、インフラの整備が終わった成熟社会、低成長社会に入り、施策の選択と集中を進めようとすると、住民の間に「廃止されてはたまらない」「役所に任せておけない」という意識が芽生えてきます。そうです、先の例で廃止した50の事業も、それを必要としてきた人たちがいるのです。事業を廃止しても、住民ニーズそのものが消えたわけではありません。

そこで、自治体に代わって、これらのニーズに応えようとする市民、企業、そしてＮＰＯ等の市民団体が増えています。

阪神淡路大震災がきっかけになったＮＰＯ法

１９９５年1月17日に発生した阪神淡路大震災は、６千人以上の尊い犠牲と引き換えに、様々な教訓を与えました。その１つが特定非営利活動促進法（ＮＰＯ法）です。人の役に立てる歓びを知って全国から集まったボランティアは１００万人以上に上り、市民団体が次々に誕生しました。しかし、そのほとんどが法人格を持たない任意団体だったため、財政基盤がぜい弱で継続的な活動に支障が発生しました。こうした市民団体の要望を受け、１９９８年、議員立法で制定されたのが、ＮＰＯ法です。このため、１９９５年を「ＮＰＯ元年」「ボランティア元年」と呼ぶこともあります。

ＮＰＯ法の第1条には、「特定非営利活動を行う団体に対して、簡単、迅速に法人格を付与し、公益の促進に寄与できるようにし、市民が行う自由な社会貢献活動を促進し、もって公益の促進に寄与する」という旨が定められています。

新しい公共とは

東京都足立区では、駅周辺の歩道や道路にあふれる放置自転車は通行の妨げになるばかりでなく、自転車盗難などの犯罪につながるため、その解消が大きな課題となっていました。

そんな中、駅周辺の町会や商店街、学校などで組織する防犯対策協議会と民営の駐輪場事業者から、民営駐輪場を2時間無料にする取り組みを中心とする「放置自転車対策プロジェクト」の計画が持ち上がりました。買い物客が多く集まる時間帯に、短時間の放置自転車が増えることに着目した計画です。無料部分は事業者が負担します。日曜日・祝日に手薄になる放置自転車のパトロールは防犯対策協議会が行います。自治体も放置自転車への街頭指導や撤去活動に力を入れてサポートします。こうした取り組みの結果、放置自転車は2ケ月で20％減少しました。

ときに、行政の思惑で進められ「下請け」と非難される「協働」ですが、このケースでは複数の組織が結集して、放置自転車の撲滅という地域課題解決のために働き、行政をも動かしたのです。

ごみゼロ宣言で有名な徳島県上勝町《かみかつ》では、ごみを45種類に分けています。ごみは町内に1箇所あるステーションに自分で運びます。車を持たない高齢者などの分は、近所に住むボランティアが自分のごみを出すついでに運んでくれます。これも立派な協働のシステムです。

これが人口２千人の小さな町だからできたことと思ったら大間違いです。上勝町では、お年寄りが山で採った葉っぱを高級料亭に「つまもの」として売り出し、「葉っぱビジネス」として２億円もの年商を上げています。町のお年寄りに出番ができたことで健康増進につながり、老人ホームの利用者も減りました。若者の移住、定住化も進んでいます。

「新しい公共」とは、このように、これまで「官」が主体となって行ってきた公共的なサービスを、住民の参加と選択のもと、ＮＰＯや企業等が主体となって積極的に提供する共助の仕組み・体制・活動のことを言います。そこには官民が一体となって（あるいは民だけで）地域課題を解決するという目的があり、住民や企業が社会変革の担い手となることが期待されているのです。

「新しい公共」は、医療・福祉、教育、子育て、まちづくり、学術・文化、環境、雇用、国際協力等、分野を問わず、その手法も「官」が提供していたサービスの新しい担い手となる請負型から、これまでにない新たなサービスをつくり出す協働型まで様々です。

日本の寄附税制

ＮＰＯ法人などの多くは寄附によって大半の活動資金を賄っています。

認定ＮＰＯ法人への寄附については、２０１１年の寄附税制の改正で、これまで、所得控除だけだった控除が、税額控除も選択できるようになり、所得税の還付と個人住民税の控除を合わせて、寄附額の最大50％の優遇措置（減税）が行われることになりました。

一方、ふるさと納税では、寄附者の収入、寄附額にもよりますが、所得税の還付や個人住民税の控除が受けられ、実質的な自己負担額を2千円にすることができます。納税先を都市部から地方へ移転させるという目的があるからです。

ふるさと納税の仕組み

ふるさと納税は、「ふるさとに貢献したい」「好きなまちのために何かしたい」など、理由の如何にかかわらず、一定の限度額まで住所地以外の自治体に納税することができる仕組みです。２００８年の寄附金税制の拡充で導入されました。自治体によっては使途を限定して寄附を募ったり、寄附者にふるさとの特産品を贈呈するなど、様々な工夫が行われています。

地震や豪雨災害の後には、多くの寄附が被災地に集まりました。

２０１５年からは住民税の控除額の限度が、それまでの10％から20％に引き上げられ、確定申告の不要な「ワンストップ特例申請」が可能になるなど、より身近なものになっています。

総務省の調査で、２０１８年中のふるさと納税の額が約５１２７億円となり、納税者も約３９５万人となったことがわかりました。これまで、ふるさと納税による都市部から地方への税の移動は限定的でしたが、納税額の多い都市部の自治体から「これ以上、税の流出が増えれば自治体運営に支障が出る」との声が上がっています。

地方交付税の基準財政収入額にふるさと納税の寄附金は含めません。全国の自治体の95％は地方交付税の交付団体ですから、寄附金をいくら集めても地方交付税が減ることはありません。

一方、寄附者のいる自治体は、当然ですが住民税の税収が減ります。ただし、地方交付税の交付団体の場合、寄附によって減少した金額の75％は地方交付税の増加によって補てんされるので、実質的な減収は残りの25％。これを超える寄附を集めればいいわけです。

これに対し、地方交付税の不交付団体は、寄附の全額が減収になってしまいます。そこで対抗措置を講ずる、つまり、ふるさと納税獲得合戦に参戦する都市部の自治体が増えています。

まったく…
トントン
カサ カサ

第9話

第一次予算査定

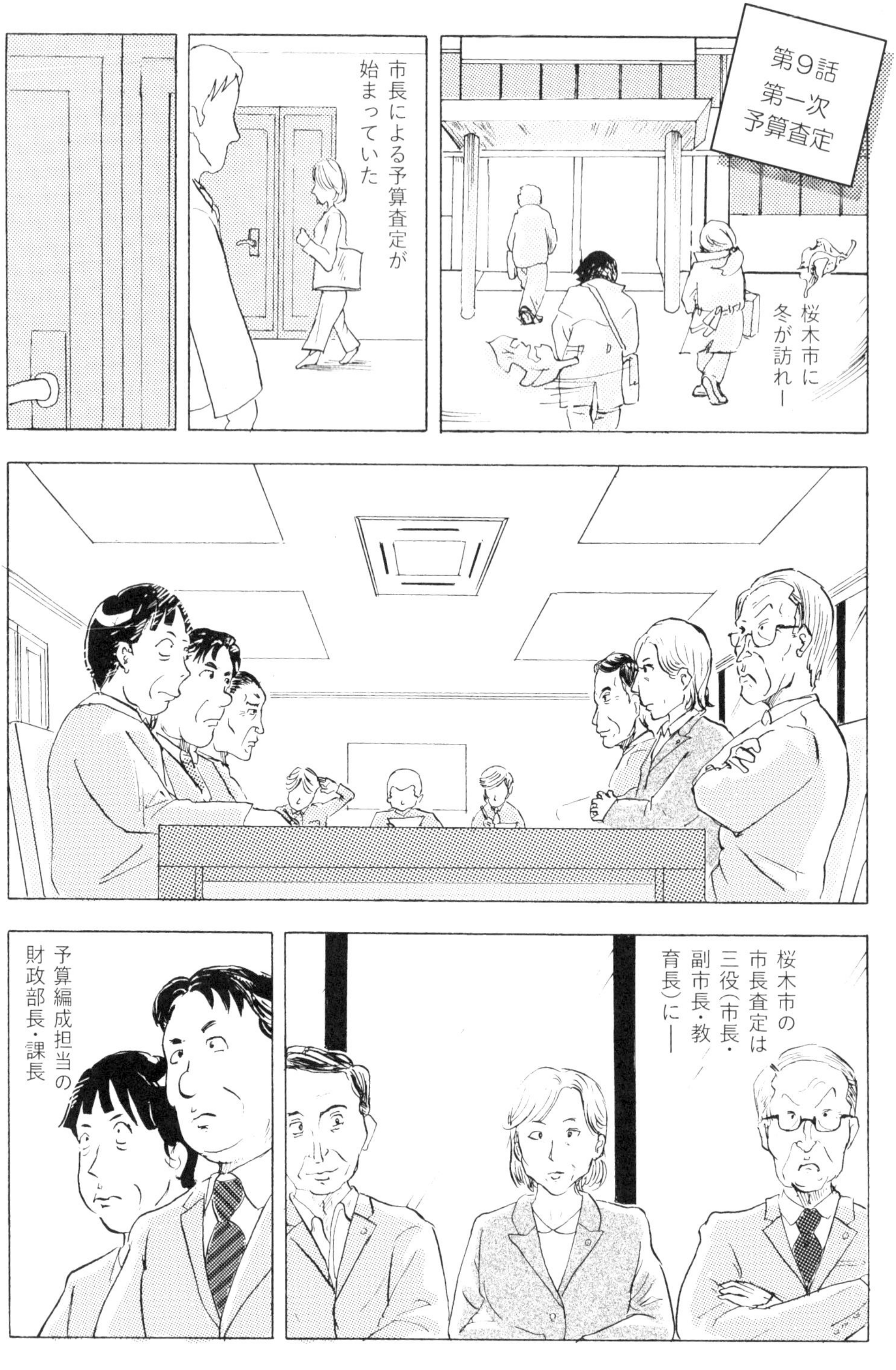
第9話
第一次予算査定
桜木市に冬が訪れ―
市長による予算査定が始まっていた
桜木市の市長査定は三役(市長・副市長・教育長)に―
予算編成担当の財政部長・課長

議会担当の
総務部長が加わり
2日間の
日程で行われる
議会
首長
財政部門
事業部門
財政の見通し
前年9月～10月
予算編成方針
予算見積もり
予算査定
予算
要求
提出
予算要望
首長による査定
ヒアリング
12～1月
内示
復活要求
予算の議決
予算案
3月
4月～翌年3月
予算
予算の配当
予算の執行管理
会計部門
決算の認定
決算書の調製
決算
翌年9～12月
翌年8月
では
財政課長から
説明を
はい
次は耐震診断の
助成制度です

これは営繕部からの要求です
3年間のサンセット(期限付き)事業で年間1千万円を計上しました
個人の財産にかかわる助成として、これまで認めてこなかったでしょう
今回は市長の震災対策の公約に沿ったもので
避難路の沿道に限って認めるものです。避難路の確保と延焼の遮断が目的です
公益にかなうと思います
それで…財源は？
今年の営繕工事の見直しなどで捻出します
だが耐震診断だけじゃ公益にかなうとはいえないだろう
補修はどうするんだ

それは財源のこともありますし、診断の結果を見てからでも遅くないでしょう
そうね
震災対策の第一歩ということね
ではこれで説明を終わります
現状では…そうです
……
ということは
子供医療費に充てる財源2億円は捻出できなかったというわけね
市長の公約を実現したいというお気持ちはよ～くわかりますしかし…
財源をどう捻出したかを説明できなければ、議会から「バラマキだ」「選挙目当てだ」と批判を受けるでしょう

そうです。耐震診断のような一時的な経費と違って、子ども医療費の助成は始めたら止められない…
毎年経費が必要となるんですおわかりですか
ここは市長のご判断で…
市民の生活に直接影響しない経常経費を5～6%でも削って、財源を捻出すべきでしょう
私は反対です!!
なにより現場の士気が低下します
何をカットするかはあんたたちの仕事だ市長の公約がかかってるんだぞ
職員の士気の低下は必ず仕事に影響します
市長もお望みではないでしょう
それは…

ならば子ども医療費は断念せざるを得ないでしょうな
公約は政治家にとって生命線です！
ここで市長にご判断いただけなければ…
この議論は平行線のままですなぁ
…わかりました来週の二次査定までに対案を検討します
もし対案が出なければ…
子ども医療費のために経常経費をカットするか
公約を断念するか…

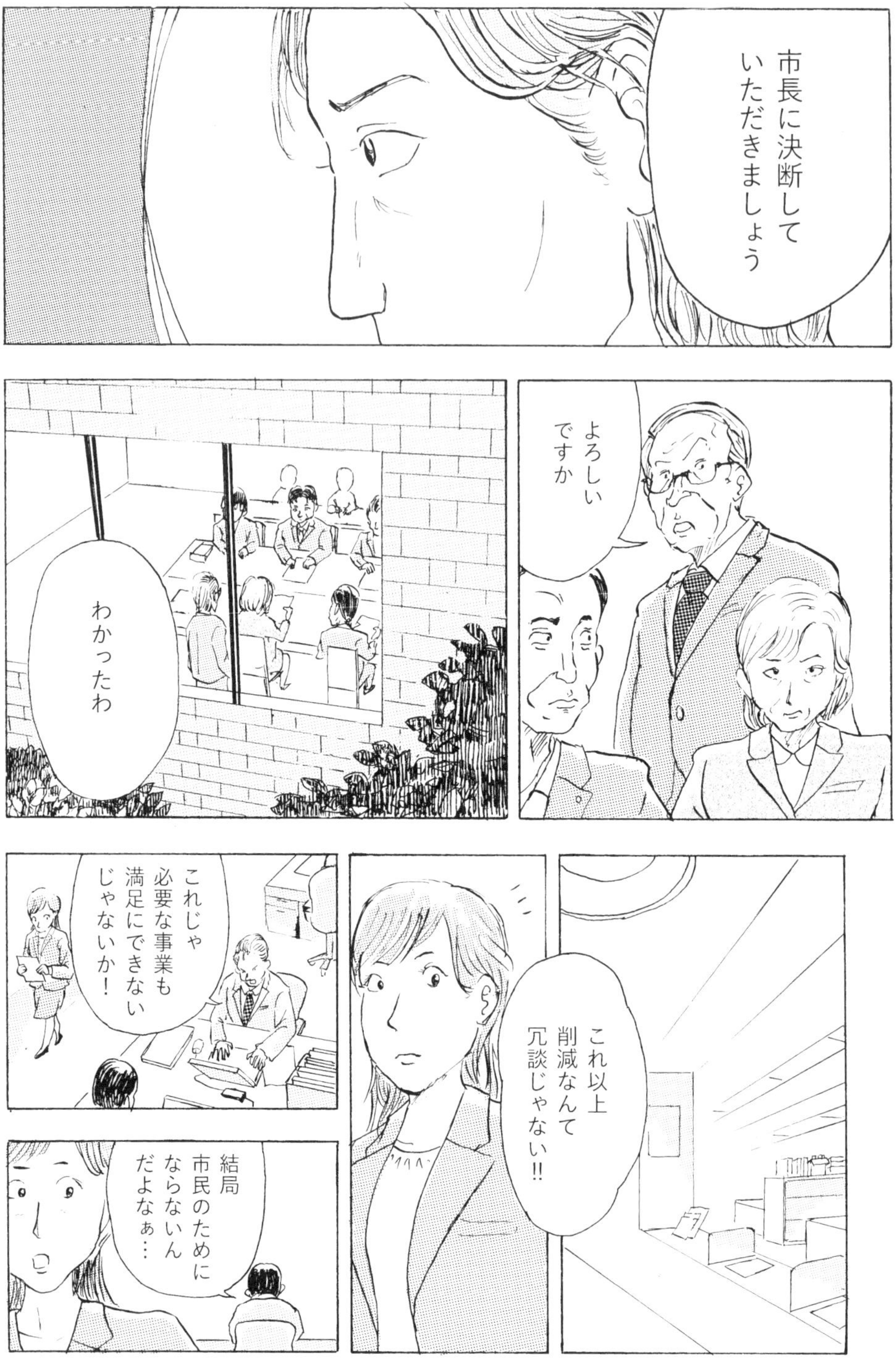
市長に決断していただきましょう
よろしいですか
わかったわ
これ以上削減なんて冗談じゃない!!
これじゃ必要な事業も満足にできないじゃないか!
結局市民のためにならないんだよなぁ…

——という話で、市長の二次査定で結論が出ることになった
まだ財源が足りないんですね
まったくバカげてる
ただでさえ少ない人数で頑張ってるのに
日中は窓口や電話があるし、残業してやっと事務が追いついてるんですよ
……
いつも席にいない誰かさんの分までね
山崎さんは予算をつかむために動いてます
市民のためなのは皆同じじゃないスか
私もできる限り力になるわ
残業はできないけど

山崎さん部長が呼んでるんだが
今いいかい？
みなさんっ
わがまま言ってすみませんが、この件、もう少しお時間ください！
うちは
いろいろな業務が舞い込んで、なかなかマニュアル通りにいかないが…
今は課の力を合わせて山崎をフォローしていこうじゃないか
山崎さん予算査定の状況は聞いてるかい
…はい
一律カットを阻止し、新年度予算を実現するには、財源に説得力が必要だ

以前一緒に行った
保養所の件、小野君と
まとめていたね
さらに現場の声を
拾ってきてくれないか
わかりました
やってみます！
現状分析と
現場の声が強力な
説得材料になる
小野さんに頼る
だけじゃなくて、
自分で動かなきゃ
課題も解決方法も
現場にあるんだ
A保養所
今、私に
できることを…

第9話

「第一次予算査定」の解説

政教分離と公の支配に属さない事業への支出禁止

「公金その他の公の財産は、宗教上の組織若しくは団体の使用、便益若しくは維持のため、又は公の支配に属しない慈善、教育若しくは博愛の事業に対し、これを支出し、又はその利用に供してはならない」（憲法89条）と、予算化できないもの、公金を支出することができないものが規定されています。

一度目の「又は」より前の段は政教分離に由来します。後段は私学助成などが合憲か違憲かという議論があり、諸説ありますが、「公金を支出する場合は公金の濫用が生じないよう、国や自治体がそれらの事業をしっかり監督すべきだ」「それができないときは、公金を支出してはいけない」と、素直に解すことができます。

税金の濫用とは違いますが、個人住宅の震災対策への補助は、公金による私有財産形成に当たるので違憲だという説があります。憲法の定める私有財産制のもとでは、個人の財産を自由かつ排他的に処分できるかわりに、個人の財産は個人の責任のもとに維持することが原則です。したがって、地震等の災害に遭っても、個人補償はできないというのが国の見解です。阪神淡路大震災の教訓を踏まえ、1998年につくられた被災者生活再建支援法に基づく支援金給付制度も、「自助」による住宅再建を「側面的に」支援するものとされています。

しかし、都道府県やいくつかの自治体では独自の支援制度を設けています。それは、住宅らです。

再建の支援が個人の利益ではなく、大勢の利益、つまり公益性を目的としているとの考えからです。

「予算額＝何某×0.95×0.95」

これは、予算見積書に実際に書かれていた計算式で、二度、5%の一律削減があったことを示しています。いつか、100%に復活できる日の来ることを期待する事業課のささやかな抵抗でしょう。

財源の不足分を各事業の予算額に合わせて少しずつかすめ取るのは、合理的なようにも見えます。しかし、こうしたことを続ければ、やがて事業に必要十分な財源を投入することができなくなり、ただの無駄遣いになるということは「施策の選択と集中」（136頁参照）で解説したとおりです。

一律削減は、頑張っているところもそうでないところも、余裕のあるところもそうでないところも、「一律」なので、頑張っている職員の士気が低下します。

「一律」でなく差をつけるのが予算査定ですが、正しく査定するには各事業の細かな分析、評価が必要です。しかし、その基礎となる資料も説明も、余裕のあるところのほうが得てして出来栄えのよいことがあります。これを見通して正しく査定しなければなりません。

そうです。正しい査定ができるなら、一律削減など実施する必要はありません。一律削減は正しく査定する能力がないことを世間にさらす所業なのです。

予算を査定する財政課の能力ではなく、予算編成権者である首長の能力が世間に問われます。

要求なきところに査定なし

従来の財政課による査定方式では、事業課へのヒヤリングは初期の段階に限られています。したがって、そこで財政課の担当者をどれだけ納得させられるかが予算獲得の鍵になります、特に、新規事業や臨時事業については、財政課内部の議論に耐えられる資料と説明が必要です。

「要求なきところに査定なし」とは、「事業課の熱意が感じられないようでは、とても予算はつけられませんよ」という財政課の気持ちを表現したものです。それは同時に、「予算をつけると査定したからには、事業課にかわって財政課が、唯一の予算編成権者である首長に掛け合いますよ」という決意の表れでもあるのです。

経常的な経費であっても不断の見直しが必要です。要求の際のチェックポイントを次に挙げます。

- 事業の意義・目的・目標が、現在の状況に合致しているか
- 廃止・縮小したらどうなるのか。廃止・縮小できない理由があるか

- 民間や他のセクターで実施できないか
- 事業実績（決算）とその効果の検証（行政評価）は十分か
- 前年度から増減があれば、その理由は何か
- より効率的な事業執行はできないか

さらに、新規や臨時の事業、政策的な経費を要求する場合は、次のような点に注意します。

- そもそも自治体の実施すべき事業なのか。民間や他のセクターで実施できないことが説明できるか
- 事業の意義・目的・目標は間違っていないか
- 首長の公約、住民・議会からの要望に応えているか
- 既存の事業が活用できないか。既存事業との均衡・調整はとれているか
- 予算編成方針、重点施策、他の計画、関連施策と整合性がとれているか
- 他の自治体で同様の事業があれば、その状況を説明できるか
- 職員の増加、人件費・間接費の増加を見込んでいるか
- 次年度以降の財政負担を説明できるか
- 国・県補助金などの特定財源の見通しはどうか。受益者負担は適正か
- 複数の実施方法と比較し、最善策であることを説明できるか
- 事業の見直し時期を明らかにできるか（サンセット方式）

・新規拡充するために廃止・縮小した事業があるか（あれば列挙する）

新しい予算編成制度——枠配分方式

予算の枠配分方式とは、財政課に集中していた査定権限の全部または一部を事業部門に移譲する仕組みです。事業部門に一定額の予算枠（財源）を与え、事業部門は自ら執行する予算を自ら編成します。事前の査定より事後の評価を重視することから、事業部門の力量が問われる方式です。

枠配分方式の特徴の1つにインセンティブがあります。これは、予算や事業を執行した結果、残った財源の全部または一部を、事業部門が翌年度以降の予算に計上し使えるようにするものです。事業部門の士気を高めるほか、「使い切り予算」の悪習を断つというねらいがあります。

枠配分の枠は、事務経費の一部から予算の全般に及ぶものまで、その範囲・形態は自治体によって様々です。この枠配分方式のうち、事業部門の権限が幅広く自律性が高い、さらに、首長の指揮の下、財政課と事業部門が対等の立場で予算編成を行うことのできるシステムを「包括予算制度」と呼んでいます。

包括予算制度の特徴は大胆な権限委譲です。小手先の権限委譲では事業部門の意識改革につながらずかえって非効率的です。例えば、人件費を枠内にすれば、事業部門の経験と知恵

第９話

第一次予算査定

でアウトソーシング（民間委託）をより早く進めることができます。また、インセンティブの対象を歳出予算の不用額ではなく収支の結果にすることで、コスト意識が徹底され、事業部門の知恵と工夫でスクラップ＆ビルドが進むのです。

さらに、包括予算制度では歳出予算の上限を決めるのではなく、一般財源を事業部門に割り振ります。事業部門はその一般財源に国庫補助金、使用料手数料などの特定財源を上乗せして予算を編成します。したがって、事業部門はできるだけ歳入を確保するよう意識して仕事をするようになるのです。

結果として、権限委譲の大きさは、首長を含む組織全体の能力の高さに比例します。包括予算制度の導入によって、住民の声を政策や施策、予算編成や予算執行に活かすという「行政評価」が機能するようになりました。行政評価が予算を切るための道具になるのではないかという、事業課の不安を払拭することができたからです。包括予算制度では、事前の査定ではなく、事後の評価が重視され、顧客である住民の評価・満足度が自治体を動かす原動力になるのです。

A保養所
今、私にできることを…

第二次予算査定

第10話
第二次予算査定
二次査定まで時間がないけど、例の資料はどうだい？
進藤課長補佐に協力してもらってなんとか…
よかった、こっちに持って来てくれないか
パラ パラ
どうですか？
廃止したとして…年間1億円の運営費が削減できるが、建物を残せば年間1千万円の維持費がかかる
差し引き9千万円の節減効果だな
目標の2億円の半分くらいにしかなりませんね

保養所を壊すとしても5千万円はかかる
5年分の維持費を考えれば壊す理由にはなるけどな
壊して収入を得る方法…ですね
うーん
ああ…
!
それだ!!
えっ
…まだ1億か

そして――
市長による二次査定
さて、2億円の目処はついたのかな
はい
A保養所の廃止を提案します
これについては市民部長も了承しています
!
私は反対です！
利用者だってまだいますし…

需要があるんですよ！
それで、捻出できるのはいくらだ
年間1億円です
建物が残ると管理費や維持費がかかるでしょう
はい、老朽化が進み維持費もかさみますので、建物は解体します
費用はひとまず財政調整基金で賄います5年で元が取れます
でもあと1億足りないわ
部長、これですよ！
…？おか釣りか？
じゃなくてっ
またかっ
あの土地を駐車場にします
あの辺りは釣りの穴場なんですよ
P

駐車場なんていくらにもならんでしょう
フンッ
たしかに、せいぜい1千万というところでしょうか
…まぁ公共用地を無駄なく活用する考えには私は賛成だ
え？
だが相変わらず1億残っている。どう捻出する気だ
公約で掲げた6歳までの子ども医療費の助成を、当面3歳までとし、
財政状況を見ながら段階的に拡大していくという方針はいかがでしょう
そこで市長にお願いです
それじゃ公約違反だ！

保養所の廃止
貸し駐車場による財源の確保…
ここまでの工夫と努力を議会にも、市民にも認めていただけるのではないでしょうか
保養所の廃止は市民からも苦情がくるぞ
利用者は激減していますし、近くにBホテルもあるので納得していただけるでしょう
だが！
それでも公約違反と言われたら
わかったわ
新年度の予算では3歳までとします
次年度以降、順次6歳まで拡大していけるよう
経常経費の中から節減できるものを探しましょう
それでお願いしますね

私からもう1つお願いがあります
何です？
経常経費の一律カットには反対しましたが
副市長のおっしゃるような不断の見直しには大賛成です
いい提案をした課に節減した経費の10%や20%を還元して
新規事業を提案してもらうというのはいかがでしょう
それはいい！職員のモチベーションアップにもつながりますね
平野副市長、どうですか

…いや
異存ありません
ではこれで決まりね
道のりは長いけど、頑張りましょう
市民課

予算が成立した
一律カットは
なしだ！
おぉーーっ
はい…
みなさん、
ありがとう
ございます
よかった…
報われたじゃない
喜ぶのは
まだ
早いよ
小野さんっ

今度は3月の予算議会で承認を得ないといけないだろう
短年度の予算だけでなく中長期的な財政推計もこれから考えていくことになります
中期財政計画
予算編成方針
予算
実施計画
事業の実施
行政評価
みなさん、この度はご協力ありがとうございました
来年度の予算完成まで最後の山場です しかし…
引き続き現場のみなさんの声を聞かせてください
もちろん! ともに力を合わせましょう!!

第10話

「第二次予算査定」の解説

こども医療費の無料化

厚生労働省の調査（2018年度）により、すでに8割の自治体では、中学生までの医療費は無料か低廉な自己負担化が進む一方、一部の自治体で所得制限が導入されていることがわかりました。

子育てを支援し少子化に歯止めをかける。本当に効果が上がっているのでしょうか。

実際、自己負担がないことで発生しているコンビニ受診が小児科医の不足に拍車をかけています。自治体による補助が自治体財政だけでなく、健康保険や国民健康保険など公的医療保険の財政を揺るがしかねず、財政力の弱い自治体から、財政力の強い自治体へ人口が流出してしまう懸念もあります。

それでも、「隣町がやっているから」と無料化が続き、ついに高校生の医療費まで無料化する自治体も出現しています。

際限のない自治体間競争が始まっているのです。

「まちの未来を考える」中期財政計画

家庭にも将来設計があるように、自治体にも基本構想、基本計画、総合計画、実施計画といった計画があります。それらを確実に遂行するには、その財政的裏付けとなる財政計画が必要です。これを、「中期財政計画」と呼んでいます。

計画期間は3年から5年、長い場合は10年です。単年度の予算編成では前年度、前々年度の実績を確認し、目の前にある課題を整理することによって、次年度歳入、歳出を比較的容易に見通すことができました。しかし、計画期間が長くなる中期財政計画では、それだけでは不十分です。

まず、自治体の財政状況を左右する人口構造の変化・経済動向・増加する医療費・インフラ更新などを予想し、財政推計を行います。そして、生産年齢人口の減少による税収減、合併による公債費の負担増や普通交付税の特例期間の終了に伴う減収、老朽化したインフラの維持補修経費の増加など、懸念材料を洗い出します。そのうえで、「計画的な歳出削減を行う」という抽象的な表現でなく、「○○年度までに○○億円の歳出削減を行う」「○○事業のために○○年度までに○○億円を積み立てる」というように、具体的な時期と金額を挙げて目標にするのです。

こうした目標を設定することで、将来にわたって持続可能な自治体となることを、住民や議会、職員に知らせることが中期財政計画の重要な役割です。

財政調整基金が必要なワケ

歳入予算の中心となる税収は、「調定額×収納率」で算出します。調定額（所得に応じた課税額が１００％収納できたときの額）も収納率（実際に収納される割合）も、景気の動向に左右されます。多めに見込みたいところですが、歳入欠陥（収入不足）という事態は避けなければなりません。

そこで活用されるのが財政調整基金です。財政調整基金はいざというときの備え、使途の限定のない自由に使える貯金です（自由に使えない、使途の決まった貯金は94頁参照）。

当初予算の歳入は堅実なところを見込み、不足分は財政調整基金からの繰入金を計上してしのぎます。そして、税収が概ね確定したころ、補正予算で基金からの繰り入れを解消ないし減額します。つまり、財政調整基金をできるだけ取り崩さないよう、財政運営をしていくのです。

予算の提出と審議

予算は議会に提出され審議されます。当初予算は遅くとも年度開始前、都道府県及び指定都市にあっては30日前、その他の市及び町村にあっては20日前までに議会に提出しなければなりません。また、予算の提出権・提案権は、首長に専属のものであって、議員には予算の提出権はありません。これは内閣と国会との関係と同じで、国の予算の提出権は内閣に専属します。

なお、地方公営企業の予算について、首長は地方公営企業の管理者が作成した原案に基づいて予算を調製し、年度開始前に議決を経なければなりません。

予算が首長から提出されると、議長はこれを本会議に上程し審議を開始します。補正予算等も含め、予算は常任委員会へ付託され、審議の後、本会議で採決されるのが普通ですが、当初予算を集中して効率的に審議するため、特別委員会を設けることがあります。

予算の議決には首長の提出した原案どおりに決定する「原案可決」のほか、原案を否定する「否決」と、原案に修正を加える「修正議決」とがあります。

予算が修正されるとき

まず、減額修正については、議会は自由に修正することができます。ただし、減額修正の対象となるのは首長により提出された予算案です。例えば、補正予算案の減額修正については、補正の対象とされていない部分については修正することはできません。また、いわゆる義務経費については減額することは妥当ではないとされています。このことは、次の「首長の再議請求権」の項で整理します。

次に、増額修正については、地方自治法97条2項で「議会は予算案について、長の予算発案権を侵さない範囲で増額して議決することができる」との旨が定められています。増額修正は歳入歳出予算だけでなく、予算の7つの事項、全てが対象に含まれます。

「長の予算発案権を侵す」とは、首長が提出した予算の趣旨を損なうような増額修正を行

うことを意味し、これに該当するか否かについては、当該増額修正の内容、規模、当該予算全体との関連、当該自治体の行財政運営における影響度等を総合的に勘案して、個々の具体の事案に即して判断することとされています。

Ⅴ 首長の拒否権（再議請求権）

首長は議会の予算に関する議決について異議がある場合、法令に違反する場合には、再度議会の審議に付すことができます。これを「予算の再議」といいます。

① 予算の議決に限らず、議会の議決が議会の権限を越え、または法令に違反する場合は、首長はこれを再議に付さなければなりません。それでもなお同じ議決がなされた場合、都道府県知事は総務大臣に、市町村長は都道府県知事に審査請求の申し立てをし、それでも不服のあるときは裁判所に出訴することができます。法令の解釈が必要だからです。

② 義務経費について削除・減額された場合も、再議に付さなければなりません。それでもなお同じ議決がなされた場合、議決は確定しますが、首長は削除・減額された義務経費と収入を予算に計上して執行することができます（首長の原案執行権）。法令により負担する経費、債務の確定している経費を速やかに執行する必要があるからです。

③ 災害復旧や感染症予防のために必要な経費が削除・減額された場合も再議に付さなければなりません。それでもなお同じ議決がなされた場合、議決は確定しますが、首長はこれを

「首長の不信任の議決」とみなし、10日以内に議会を解散することができます。緊急、重大な予算を執行することができない以上、首長と議会との関係を修復するには、住民にその信を問うしかないからです。

④　予算の議決に限らず、①～③以外で、議会の議決について異議があるとき、首長は議決の送付を受けた日から10日以内に、理由を付して再議に付すことができます。再議の結果、条例の制定・改廃、予算に関するものは出席議員の3分の2以上、それ以外は過半数の同意で同じ議決がなされた場合、議決は確定します。①～③の義務的再議と違って、再議に付すかどうかは首長の裁量に任されており（任意的再議）、再議の理由についても制約はありませんが、否決された予算については再議の対象にならないと解されています。

首長による予算の専決処分とは

予算は事前に議会の議決を得なければなりません。しかし、次の4つの場合に限り、首長が議会に代わって決定（専決処分）することが可能です。

①　議会が成立しないとき……在任議員の総数が議員定数の半数に満たない場合
②　会議を開くことができないとき……出席議員が議長のほか2人に満たない場合
③　首長において、議会の議決すべき事件について、特に緊急を要するため議会を招集する時間的余裕のないことが明らかであると認めるとき

④　議会において議決すべき事件を議決しないとき……議会が意図的に議決を行わない場合。自然災害等外部事情により議決を行えない場合

専決処分をするためには客観的事実が必要です。首長だからといってむやみに専決処分ができるわけではありません。また、予算の専決処分を行った場合、首長は次の議会の会議に報告し、承認を求めなければなりません。仮に議会の承認が得られなくても、専決処分の効力は失われませんが、首長は速やかに必要と認める措置を講ずるとともに、その旨を議会に報告しなければなりません。

V 予算の7つの原則と例外

予算とは一定期間（1年間）の収入と支出の予定・計画のことです。予算を決めるということは、国民や市民から集めた税の使途を決めることですから、予算は明確かつ民主的に定められなければなりません。

そのために7つの原則が設けられています。

①　総計予算主義の原則……収支の一切を歳入歳出予算に計上すること

【例外】一時借入金、繰替運用、歳入歳出外現金、定額運用基金、決算剰余金の積立てなど

②　単一予算主義の原則……予算は1つであること

【例外】特別会計（数が多いほか、会計間の繰り出し、繰り入れが複雑化しているため）

③　予算統一の原則……予算科目や予算様式は統一されていること
【例外】多くの自治体が、法令で定められた予算書とは別に「よくわかる予算書」などを作成・公表している。
④　予算の事前議決の原則……予算は、使う前に議会の議決を得ること
【例外】専決処分、予算の原案執行権など
⑤　会計年度独立の原則……その年度の支出はその年度の収入で賄うこと
【例外】継続費、繰越明許費、事故繰越、繰上充用など。使い切り予算の元凶
⑥　予算単年度主義の原則……予算は年度毎につくり、翌年度以降の予算を拘束しないこと
【例外】継続費、債務負担行為、長期継続契約など
⑦　予算公開の原則……予算は、広く一般に公表すること
【例外】自治体に機密費など、もちろんあってはなりません。

…まぁ
公共用地を無駄なく
活用する考えには
私は賛成だ
え？

第11話

大輪の花

第１１話（エピローグ）大輪の花
桜木市夏
盛況ですねー!!
ほんと、よかったわ
地域の人たちもたくさん集って
みんなで桜木市を盛り上げようとしてる
おかげで、地元の商品も結構売れてるんですよっ
STAFF
市長!
わい わい
では!!
市民課の頑張る戦士たちに…

かんぱーいっ!!
だから戦士じゃねーっての
小野さんまだですかね
仕事の区切りがついたら来るとよ
山崎さん
ちょっとお話ししたいことが…
どうしたんですか小出さん、神妙な顔してっ
ごめんなさい!!
山崎さんや小野さんが連絡を取り合って
市役所の業務を改善しようと、いろいろなアイデアを出されていたこと、みんな…

…という話が進んでいるようです
いつもの早耳だな
どこからそんな情報を仕入れるんだ
市民部から3人が例の保養所を視察するそうです
私が河野部長に…
来年の再任用どうしましょうかねぇ小出さん
やぁ待った?
きたっ
待ってませ~ん乾杯終わりましたもん
オホン
小野君よく来てくれました
私たちの仕事は人を幸せにすることですね
そのためにも、自分自身が幸せでなくちゃいけないんですよ
きけって
まじめっスね

私たちの笑顔が
きっと市民の皆さんの笑顔につながるんですよ!!
わかってますって!!
はいっ
山崎さん さっきの話…
ぎゅっ
!
なーんだ そんなこと!
小出さんらしくないですよ 気にしないでください
これからも一緒に頑張る仲間じゃないですか!!
どうした
市長に言いつけてやりましょ
?
そういえば
この公園、小野さんが予算を切った例の公園ですよね

切ったとは人聞き悪いなぁ
なにより現場の協力あってのものだ
使えるものは残し、知恵を出し合った結果ですよね♪
俺のセリフっ
息が合ってるわね
始まった!
3千万円が夜空に消えますよ
ふふ…そんなにするんだったかな
だが、市民の笑顔が間近だ
人の笑顔が仕事の喜びになるっていうのは原点だな

ヒュウウ…
いいじゃないか
たまにはこんな「ハレの日」があっても!

第11話

「大輪の花」の解説

予算主義から成果主義へ

役所は予算主義と言われています。予算を編成するときは熱心に議論しますが、いったん予算が決まってしまうと、あとは予算を使い切ることが目的となってしまい、その効果・成果が適切に評価・検証されないからです。

民間企業では予算を立て（PLAN）、ある一定期間事業活動を行い（DO）、予定通りの成果（利益）が得られたか分析し（CHECK）、成果が得られていなければ、その原因を改善し（ACTION）、次の予算に反映します。民間企業ではこうしたマネジメントサイクル（PDCAサイクル）を1カ月もしくは四半期ごとに繰り返します。民間企業が成果主義だと言われる所以です。

予算は目標を達成するためにあります。達成すべき目標を行政評価で設定し、その目標ごとに、それを達成するために必要なアウトプット（事業活動の量）を明らかにします。このアウトプットに必要な経費を積み上げたものが予算です。そして、自治体が事業活動をする目的は、このアウトプットを増やすことではなく、事業活動によって得られる成果（アウトカム）の水準を高めることにあるのです。

したがって、行政評価は自治体の予算主義を成果主義へ転換する手法と言えるでしょう。

地方自治法に、自治体は「その事務を処理するに当つては、住民の福祉の増進に努めるとともに、最少の経費で最大の効果を挙げるようにしなければならない」（2条14項）とあります。

住民や地方自治法が求めているのは、「住民の福祉の増進」を政策、施策ごとに分解し、設定した「成果目標」に近付けることです。いくら効率よく、コストをかけずに製品をつくることができても、売れなければ成果はゼロです。このようなとき、企業は売り上げを伸ばすための宣伝方法や、ときには製品そのものを見直します。これは自治体でも同じく必要です。

例えば、「○○川の汚染を3年以内に環境基準以下にする」という目標を立てたとします。そのため、これまで職員でやっていた毎月の水質検査を民間事業者に委託したので、昨年度の2分の1のコストで実施することができました。めでたし、めでたし。

果たしてそうでしょうか？　コスト意識を持つことも、水質検査も必要ですが、検査をしたから水質が改善されるわけではありません。よくありがちな誤りです。

爾俸爾禄
民膏民脂
下民易虐
上天難欺
寛延己巳年春三月

これは、旧二本松藩の藩政改革と綱紀粛正の指針で、凶作に苦しんでいた寛延2年(1749年)3月、登城する藩士の目に留まるよう大石に刻み、通用門に置かれたそうです。

こう読みます。

「爾《なんじ》の俸《ほう》、爾《なんじ》の禄《ろく》は、民《たみ》の膏《こう》、民《たみ》の脂《し》なり。下民《かみん》は虐《しいた》げ易《やす》きも、上天《じょうてん》は欺《あざむ》き難《がた》し」

その意味は、

「お前のいただく給料は民の汗と脂によるもの。その民を虐げるのは簡単だが、天は欺けない」。

十六文字の中に、民を虐げると天罰が下る、民を大切にしろという戒めが込められているのです。

現在、戒石銘碑は福島県二本松市内の霞ヶ城公園に移され、国の史跡に指定されています。戒石銘刻銘から240年後の同じ己巳《つちのとみ》の年（1989年）、二本松市長による顕彰の碑が戒石銘碑のすぐ隣に建てられました。1989年といえば、元号が昭和から平成に改められ、空前のバブル経済に日本中が浮かれていた絶頂期であるバブル崩壊前夜のことです。そうしたときこそ将来を見据え、より一層、引き締めよという市長の自らへの戒めだったのでしょう。

「パーキンソンの法則」ってなに？

戒めと言えば、パーキンソンの法則でしょう。「役人の数は、その仕事量にかかわらず増え続ける」これは、英国の評論家パーキンソンが役人の無駄な仕事や会議、そして役人の多さを皮肉ったものです。

これは、パーキンソンの第一法則「仕事量は与えられた時間をすべて使い切るまで増え続ける」に由来します。

自治体職員には職務専念義務があります。勤務時間の全てをその職責遂行のために使い、仕事以外に使ってはいけないわけですから、たとえ仕事が早く終わって空いた時間ができたとしても、いつもは二重チェックで済ますところを三重、四重にして万全を期すわけです。

これを無駄だという人は1人もいないでしょう。第一法則が当てはまるのは当然です。

パーキンソンの第二法則「お金は入っただけ出る」、役人はその年の収入の全てを予算化し、余すことなく使い切ろうとします。これはもう、おわかりですね。

結局、時間や予算の無駄を省き、役所の生産性を向上させるには、役人の数と予算を削減するしかないというのが、パーキンソンの答えです。

子どものころの夏休みの宿題を思い出してください。「35日間は手を付けず、最後の5日ほどで片付けた」、そんな経験をお持ちの方も多いはずです。パーキンソンの法則にならえば、宿題は与えられた量とは無関係に、与えられた時間（夏休みの全40日間）だけかかってしまいます。そこで、宿題を最初の5日間で済ませてしまおうというのが、働き方改革の第一歩です。ポイントを3つ挙げておきます。

①　仕事に細かく締切を設ける

夏休みの宿題のように、締切間際に人間の能力は最大化します。余裕を持って締切を設ける、大きな仕事はいくつかに分けて締切を設けるなどします。

②　仕事に完璧を求めない

文書やパワーポイントの作成など、完成度を高めるのに際限のない仕事があります。仕事は芸術ではありません。及第点を取ればいいのです。「低い理想と早い妥協」が、あなたの働き方を変えます。

③　夢を持つ

企業であれば、空いた時間に新しい仕事をして収入を増やすというインセンティブが働きますが、自治体職員にはありません。「定時に退庁する」「休暇を取る」をインセンティブにするには、「夢」が必要です。「夢」に時間を使いましょう。そうすれば、あなたの仕事はもっと楽しくなります。

あなたの「夢」は何ですか？

業務改革を阻む「縦割り行政」は必ず打破できる

役所の組織は「縦割り行政」だと批判されています。しかし、民間企業が、例えば製造部門と営業部門を分けるように、組織を機能別に分けるのは一般的なことです。なぜなら、効率的だからです。問題は、部門間の調整がうまくいかず、複数の部門が類似の事業を行うなどの無駄があったり、各部門が押し付け合い、手を出さなかった結果、やらなければならないことが抜け落ちてしまったりすることです。

これらを調整するため、特別な組織を持つ自治体があります。財政課が調整役を引き受けることもしばしばあります。プロジェクトチームや事務改善委員会のような、課題を組織横断的に解決する仕組みも有効です。

この部門間の調整は、必ず達成できます。

それは、私たち公務員が一部の住民の奉仕者ではなく、住民全体の奉仕者だからです。住民全体の利益（公共の利益）が共通の判断基準ですから、必ず答えが出ます。

そして、それを後押ししてくれる首長や職員、議員、そして住民の皆さんがいます。

これまで見てきたように、地域や組織の改革の種は身近なところにあります。

それを開花させられるかどうかは、あなた次第です。

おわりに

人工知能(AI)や技術の進化によって、10〜20年後、今ある職業のうち半分はなくなるといわれます。「役所」の仕事(行政事務)は、その、なくなるほうの仕事に分類されています。

私たち公務員はどうすればいいのでしょうか。

この変化の激しい社会を生き抜くためには、次の4つの「C」が必要です。

① クリティカル・シンキング(批判的思考)
② コミュニケーション(意思疎通)
③ コラボレーション(協働)
④ クリエーション(創造)

①の「クリティカル・シンキング」を文字通りクリティカルに訳すと、「物事を多面的、多角的な視点から捉え直すこと」となり、否定的でも肯定的でもなく先入観を捨てて見る、聞く、考えるという意味です。これは、私たち公務員にとって大切なスキルの1つです。

「昨年もこうやっていました」とは職員の口ぐせです。仕事の多くはルーチンワークのように見えますし、「仕事を滞りなく終える」これも重要なことです。しかし、昨年と同じでは成長も進歩もありません。成長も進歩もないと淘汰されてしまうのが自然界の摂理ですが、「役所」が淘汰されないのは、法律によって「役所」が競争のない独占企業に仕立てられているからです。そんな法律もときどき、悪さをします。

公の施設は長く「役所」が独占管理してきましたが、2003年の地方自治法の改正により、民間企業やNPOなどが「役所」に代わって管理する、指定管理者制度が導入されました。

「役所」の仕事が突然なくなったのです。

「時代に取り残された役所は消え、役人という職業もなくなってしまうかもしれない」

そう考えた「役人」は自らの存亡をかけ「役所」を守るため、けなげに「法律」という後ろ盾を守ろうとします。しかし、これでは順序が逆です。「役人」の使命は「役所」や「法律」を守ることではなく、「住民」を守ることです。「住民」を守るために必要だから「法律」や「役所」があるのです。

「この仕事の本来の目的は何か」「そもそも必要なのか」「効果は上がっているのか」

「もっと効率的な方法はないのか」「昨年と同じことをやっていていいのか」

本書が、あなたの「クリティカル・シンキング」のきっかけになれば幸いです。

2019年10月

定野　司（著者）

●著者・作画者紹介

定野 司（さだの・つかさ）／著者

文教大学客員教授・前足立区教育長
1979年、埼玉大学理工学部を卒業後、足立区に入区。財政課長時代の2002年に導入した「包括予算制度」が経済財政諮問会議の視察を受け注目を浴びる。以来、一貫して予算制度改革やコスト分析による行政改革を実践。環境部長時代の2008年から自治体の事業仕分けに参加。総務部長時代の2012年、多くの自治体と共同して新しい外部化の手法を検討する「日本公共サービス研究会」の発足、運営に携わるなど、自治体間の垣根を越えて持続可能な自治体運営に取り組む。
2015年から２期６年、教育長を務め退任。ヒトが育ち協働して創る未来をめざす「定野未来協創研究所」主宰。一般社団法人新しい自治体財政を考える研究会代表理事。全国各地で講義、講演、コンサルティング活動等を行っている。近著に『みるみる仕事が片づく！ 公務員の時間術』（同2013年）、『一番やさしい自治体予算の本』（同2013年）、『自治体の財政担当になったら読む本』（同2015年）、『合意を生み出す！ 公務員の調整術』（同2020年）、『図解　よくわかる自治体予算のしくみ〈改訂版〉』（同2022年）がある。

伊藤 隆志（いとう・たかし）／作画者

小平市役所職員
2008年武蔵野美術大学を卒業後、小平市役所に入庁。
税務、公民館における社会教育事業、保育所に関する事務等に従事している。
これまでに、市が運営する文化施設「小平市平櫛田中彫刻美術館」の彫刻作品の魅力を伝えた伝記漫画『田中彫刻記』をはじめ、休日を利用して執筆した漫画やイラストを市の各種業務に活かしている。

マンガでわかる！ 自治体予算のリアル

2019年11月26日　初版発行
2023年３月20日　５刷発行

著　者　定野 司
画　伊藤 隆志
発行者　佐久間重嘉
発行所　学 陽 書 房
〒102-0072　東京都千代田区飯田橋1-9-3
営業部／電話　03-3261-1111　FAX　03-5211-3300
編集部／電話　03-3261-1112
http://www.gakuyo.co.jp/

ブックデザイン／スタジオダンク　DTP 製作・印刷／精文堂印刷
製本／東京美術紙工

ISBN 978-4-313-18060-4 C2031